Chris Adel

DES TEUFELS FETTE BEUTE

Novelle

Von Chris Adel bisher erschienen:

Melken (1. Platz des Forum Land Literaturpreises 2011)

Island Universe (Kurzgeschichten)

Noola und der Walmenschling (Die Ballade vom Pottwal und dem Riesenkalmar #1, Roman)

¡Manda Cojones! (Erzählungen)

Kamikaze (Novelle)

Konrad und der Leviathan (Die Ballade vom Pottwal und dem Riesenkalmar #2, Roman)

Scorecard Marketing (in: Modernes Marketing, Hrgs. Marie Fröhlich)

Gott hasst uns alle (Novelle)

Stimmen zu den Büchern von Chris Adel:
„Der Schreibstil des Autors ist absoluter Wahnsinn!"
J. Fenko, IG

„Tiefgang und Wahnsinn liegen oft nah beieinander."
Tanja H., Amazon

„Ein unvergleichliches Lesevergnügen. Etwas Ähnliches habe ich bisher nicht gelesen. Mir hat es sehr gefallen!"
Kathie N., Amazon

„Wunderschön und traurig zugleich!"
Tamara von Zeilentanz, IG

„Ein Autor, der sich selbst verlegt, ist völlig frei in dem, was er schreibt. Es wird nichts beschnitten, begradigt und dem Geschmack der Allgemeinheit angepasst. Statt eines fein getrimmten englischen Rasens bekommt man einen herrlichen Wildwuchs von Ideen und Worten. Das ist Literatur in ihrer reinsten Form!"
Büchernörgele, Amazon

„Eine Lese-Empfehlung für alle Fantasy-Liebhaber und Freunde kurioser, aber brillanter Geschichten."
Laura Grün, Amazon

„Das Ende nahm dann noch mal eine ziemlich schräge und vor allem traurige Wendung an, dass meine Augen feucht wurden und mein Herz schmerzte. Chris Adel hält subtil den Leser*innen den Spiegel mit der ungeschminkten Wahrheit unserer verkommenen Menschheit vor Augen."
Mountains of Books, Amazon

Über den Autor:

Chris Adel wurde in Wien geboren, arbeitete in Straßburg, London, Kyoto, Graz und Tokio und kehrte 2014 nach Wien zurück. Grundsätzlich sieht er sich als frei laufender Künstler, der geniale Geschichten liebt.

Seit mehr als 20 Jahren arbeitet er als Chemiker in verschiedenen Branchen. Er verbrachte einige Zeit in Lateinamerika und Asien – was ihn zu der Buchreihe „Die Ballade vom Pottwal und dem Riesenkalmar" inspirierte. Die Kurzgeschichte „Melken" wurde 2011 mit dem Forum Land Literaturpreis ausgezeichnet.

Seine Mission ist es nicht nur, unterhaltsame und zum Nachdenken anregende Literatur zu verfassen, sondern Autoren bei ihrer Schreibgewohnheit und einem effektiven Marketing zu helfen.

Seine Vision ist ein herrlich angelegter und liebevoll gepflegter Literatur-Garten mit wundervollen Buch-Schmetterlingen sowie eine grandiose Schreib-Community, die gemeinsam wie Seilschaften durch die tiefsten Prokrastination-Täler die Hunderttausender bezwingen.

DES TEUFELS FETTE BEUTE

Novelle

Chris Adel

ChrisAdel.com

Chris Adel

IMPRESSUM

ChrisAdel.com

1. Auflage
© August 2024
Christian Adelwöhrer
Pfluggasse 9, 1090 Wien

ISBN (eBook): 978-3-903315-19-8

ISBN (Print): 978-3-903315-18-1

Redaktion, Satz und Umschlaggestaltung: Banana Yamamoto

Korrektorat: Jenni Fenko

Titelbild © unsplash.com

.

JENSEITS VON GUT UND BÖSE

„Wer mit Ungeheuern kämpft, mag zusehen,

dass er nicht dabei zum Ungeheuer wird.

Und wenn du lange in einen Abgrund blickst,

blickt der Abgrund auch in dich hinein.“

aus: Jenseits von Gut und Böse, *Friedrich Nietzsche*

I.

Schon früh am Morgen hatte A. kein gutes Gefühl dabei.

Er stellte seinen Wagen am Besucherparkplatz des Schlosses ab und schlenderte im schwarzen Anzug einen engen, ausgetretenen Waldweg entlang, gut geschützt vor Regen und neugierigen Blicken der Einheimischen. Der aufgeweichte Waldboden besudelte seine frisch geputzten und glänzenden Lackschuhe.

Der sich langsam anschleichende Maimorgen verhielt sich wenig frühlingshaft: Väterchen Frost war auf einen Kurzbesuch zurückgekehrt und gedachte, ein paar Tage zu bleiben. Die Nacht hatte sich noch nicht ganz ergeben, und wahrscheinlich würde es die schwächliche Sonne den ganzen Tag über nicht schaffen, ihre scharfen Strahlen durch die schützende Wolkendecke zu bohren. Zumindest nicht tief genug, um Väterchen Frost aus dem Land zu kitzeln.

Wenn man mit dem Wagen die endlosen Wiesen und Wälder entlangfuhr, fiel einem das Schloss schon von Weitem auf: Grau und düster wie das Wetter passte es perfekt ins Panorama. Allerdings erinnerte es durch seine über die Jahrhunderte hinweg angefügten Zubauten mehr an eine mittelalterliche Burg aus einer abgeschmackten Rittererzählung.

A. war seit seiner Kindheit nicht mehr hier gewesen und es überkam ihn ein nostalgisches Gefühl. Er erinnerte sich, wie er mit seinen Eltern durch den Schlossgarten spaziert war, zwischen von saurer Atmosphäre und schabender Zeit zerbröselten Mauerwerken und Statuen umhertollend, gegen schwarze Ritter und fiese Feuerdrachen blutige Schlachten führend. Mit Hilfe der immergrünen und meterlangen Schlingpflanzen und seinen Freunden, den Feuersalamandern und Waldeichhörnchen, war er über die Mauern geturnt und hatte das seit über tausend Jahren gefangene Burgfräulein befreit, das ihn anschließend geheiratet und ihm viele Kinder geschenkt hatte.

Heute hoffte er nur, man ließe ihn endlich in Ruhe und dieser Tag, dieses vermaledeite Bewerbungsgespräch, würde schnell vorübergehen, damit er sich wieder dem süßen Nichtstun, das er sich, wie er meinte, nach dem erfolgreichen Abschluss seines Studiums redlich verdient hatte, widmen konnte.

Er war nicht besonders interessiert an der angebotenen Stelle. Viel zu stressig, er wollte sich nach dem Studienwahnsinn erst einmal ausgiebig ausruhen. Auch fühlte er sich noch gar nicht bereit für eine so anspruchsvolle Position in einem internationalen Konzern. Erst ein wenig strawanzen und die Freiheit genießen – dann sehen wir weiter. „Schauma mal!", wie der phlegmatische Wiener behauptet.

Doch wieso war er dann hier?

A. hatte erst kürzlich sein Studium der Betriebswirtschaftslehre beendet. Das Inserat für eine sehr gut bezahlte Position dieses sehr bekannten und renommierten internationalen Konzerns für einen noch unerfahrenen jungen Menschen („no experience necessary, full training provided") hatte auf der ganzen Seite einer hochformatigen Zeitung gethront. Obwohl die Stelle nicht weiter beschrieben wurde, waren seine Eltern sofort begeistert und empfahlen ihm, sich zu bewerben, versprach es doch einen gut bezahlten Einstieg in einen bekannten und renommierten internationalen Konzern, inklusive „guter Chancen auf eine fulminante Karriere auf höchstem Niveau", wie es mit ihren abstoßenden Floskeln hieß.

Geh bitte!, dachte er genervt, aber man wollte mal nicht so sein und auf seine alten Eltern hören. Besonders, wenn sie einem dann weniger auf den Sack gingen. Sie hatten ihn mit sanftem Druck zu dieser Bewerbung gezwungen: Es wäre eine einmalige Chance, haben sie gemeint. Wenn er da einmal eingestiegen wäre, stünden ihm danach alle Türen offen, haben sie gesagt – „Und stehen mir wirklich alle Türen offen, so schlag ich sie wieder zu, weil es mich stört, dass ich aus gold'nen Schüsseln fressen soll!"

So hat schon Paul Zech Francois Villon frei übersetzt. Aber man muss ja nicht gleich übertreiben.

Er konnte ihnen im Nachhinein dann immer noch verklickern, dass er „dem erwarteten Profil des Konzerns nicht entsprochen habe", oder wie immer sich die großkotzigen Wichtigtuer der Personalabteilung ausdrücken würden. Den Gefallen, sich hier zu bewerben, wollte er seinen Eltern schon machen, immerhin hatten sie ihn während seines Studiums großzügig unterstützt.

Und wer weiß, wozu es einmal gut sein würde, bei diesem internationalen Konzern vorgesprochen zu haben?

Bevor er das Schloss betrat, betrachtete er es noch einmal von außen. Es schien sich seit seiner Jugend sehr verändert zu haben, auch wenn er nicht genau sagen konnte, in welcher Weise. Es kam ihm irgendwie alles größer vor: Die Mauern und die Türme drohten ihm höher und finsterer als damals. Eigentlich ein Widerspruch, wo er doch früher kleiner war. Doch schafften es seine Gehirnwindungen so früh am Morgen noch nicht, Paradoxien zu erkennen und aufzudröseln.

Am Eingang des Schlosses empfing ihn ein Rezeptionist, der höflich seine goldbestickte Mütze zog und „Willkomman, mein Herr, Sie werdn schon im ersten Stock, im Wortezimma erwortet! Folgan Se nur dem roten Teppich, die Treppn aufe!" wie ein auswendig gelerntes Gedicht herunterleierte.

Dieses schon etwas abgehalfterte Schloss diente seit geraumer Zeit als Hotel und galt als günstiger Ausgangspunkt für die berühmten und nahe gelegenen Warmwasserthermen. Die Rezeption war, wie das gesamte Schloss, in ihrem mittelalterlichen Flair beibehalten und sogar noch um den einen oder anderen Kitsch bereichert worden. Ritterrüstungen, Lanzen, Armbrüste und Schwerter hingen wie in einem Museum zwischen den großformatigen, dunklen Portraits der Urahnen der ehemaligen Schlossbesitzer.

A. schritt den roten Teppich entlang, die Treppe hinauf zu dem besagten Warteraum, der seit Jahrhunderten geduldig hinter massiven Holztüren auf ihn wartete. Ein süßlich-modriger Geruch ließ ihn kurz schnappatmen.

Noch immer ganz verschlafen, hätte er eigentlich lieber gemütlich gefrühstückt, aber dafür war nun keine Zeit mehr. Das Vorstellungsgespräch sollte in wenigen Minuten beginnen.

Das laute Knarren der schweren, altersschwachen Holztür hallte durch die endlosen steinernen Gänge, die sich wie verrottetes Gedärm durch das uralte Gebäude schlängelten. Er schlüpfte schnell durch den Spalt in den hellen, frisch getünchten Warteraum, wo schon ein gutes Dutzend der sichtlich aufgeregten Bewerber wartete. Eigentlich hatte er hier sonst niemanden erwartet und fand diesen Umstand, mit seinen Konkurrenten in einem Raum zu sitzen, recht ungewöhnlich. Aber eigentlich war es auch egal.

Der weiß getünchte Warteraum erinnerte an eine Arztpraxis, mit seichten Landschaftsbildern verziert, steril und kalt. Neben der Tür zu dem Saal, wo offenbar das Vorstellungsgespräch stattfinden sollte, stand ein Wachposten: Ein Hüne in schwarzem Anzug mit schwarzen Stöpseln im Ohr und schwarzer Sonnenbrille.

A. setzte sich auf den letzten freien Stuhl.

Alle waren sie einheitlich konservativ gekleidet, in grauem Anzug, weißem Hemd und unauffälliger Krawatte, beziehungsweise in grauem Rock und weißer Bluse. Kein Mucks.

Die jungen Menschen, die hier saßen, wussten zwar nicht, was sie erwartete, sie hatten sich aber auf alle bei einem Vorstellungsgespräch erdenklichen Fragen vorbereitet, ganze Bibliotheken gab es mittlerweile zu diesem Thema. Man blieb wohl lieber für sich und ging die Fragen in Gedanken noch einmal durch.

Höflichkeit, Freundlichkeit oder auch nur ein winziges Lächeln muss hier wohl bei Strafe verboten sein, wie A. dachte.

Eine Überwachungskamera beobachtete den Raum und summte stetig vor sich hin. Ein rotes, kleines Licht blinkte unregelmäßig, wie ein nervös zuckendes Auge. Keiner wusste, von wem sie oder ob sie tatsächlich beobachtet wurden.

Die ganze Welt würde bald *aus Sicherheitsgründen* von Videokameras überwacht werden, da schien es nur normal und logisch zu sein, auch hier bespitzelt zu werden.

Bis auf das leise Summen der Kamera hörte man nichts, kein Atmen, kein Rascheln, kein Husten – gar nichts. Keiner las zum Zeitvertreib, keiner bewegte sich, abgesehen von nervösem Kratzen auf Nasen und Wangen der müden, durchgefrorenen und mit fetten Augenringen durchzogenen Gesichter.

Noch wusste keiner von ihnen, was sie erwartete.

Draußen durchnässte der Regen alles Gute und Böse und schwappte es weg, bahnte den Weg frei für Neues, noch Besseres, noch Böseres.

Das kümmerte die nervösen Bewerber allerdings wenig, sie schwitzten und zitterten und kratzten sich nun wie nervenkranke Irre mit gereizter Haut. Sie wurden wie wartende Patienten von künstlichem Licht beschienen und hatten keine Ahnung von den nassen Fluten außerhalb und den Geheimnissen innerhalb dieser jahrhundertealten Mauern.

A. war damals mit seinen Eltern auch in dem Salon gewesen, wo das Vorstellungsgespräch stattfinden sollte. Er konnte sich noch an dieses blasse, unscheinbare Besuchszimmer erinnern, und er fragte sich, wieso man dieses Vorstellungsgespräch nicht in einem prunkvollen Saal stattfinden ließ. Diese grauenhaften dunklen Bilder, die dort wie erhängte Sträflinge an den maroden Wänden gebaumelt hatten, untermalt von ausgeblichenen, grässlichen Teppichen, waren ihm noch lebhaft in Erinnerung. Der Stoff der Sofas und Sessel war total zerschlissen und das matte Holz zerkratzt gewesen: Ein seit langer Zeit unbenutzter Raum, voller Staub, Spinnweben und kleiner Eidechsen.
Aber er war zu müde, um sich weiter Gedanken zu machen, und er konzentrierte sich nunmehr auf seine Konkurrenten. Alle waren sie bleich vom vielen Lernen und Stubenhocken. Jedem Einzelnen konnte man die Spannung ansehen, die ihre Gesichter grotesk verformte. Viele von ihnen hatten schon einige Vorstellungsgespräche hinter sich und sie glaubten zu wissen, wie dieser Tango getanzt wurde. Jede der typischen, erniedrigenden Fragen der perfiden Personalabteilung hatte *genau eine* richtige Antwort.

Es hieß, dieses Vorstellungsgespräch auf Schloss K. würde seine Kandidaten auf Herz und Nieren prüfen, jedoch nicht auf konventionelle Art und Weise. Niemand wusste Genaues, keiner schien je jemanden kennengelernt zu haben, der sich schon einmal bei diesem renommierten internationalen Konzern beworben hatte, und jene, die zu wissen glaubten, was einem angeblich bevorstand, waren natürlich nicht bereit, auch nur ein Quäntchen davon zu verraten.

Man behauptete, dass man durch diese Überwachungskamera direkt von der Personalabteilung im Nebenraum beobachtet wurde, und auch, dass dieses Wartezimmer abgehört und dass jedes ausgesprochene Wort registriert und beurteilt wurde. Man hatte fast den Eindruck, dass auch die Gedanken gelesen wurden und sich jeder konzentriert bemühte, nicht das Falsche zu denken.

Einmal war, so hieß es, ein Bewerber scheinbar grundlos von zwei Wächtern brutal abgeführt und danach nie wieder gesehen worden. Es hieß auch, dass einer der Bewerber selbst zur Personalabteilung des Konzerns gehörte und die Anwärter direkt beobachtete, eventuell ausspionierte oder gar versuchte, Zwietracht zwischen ihnen zu säen. Eine beklemmende Situation: Niemand wusste, was richtig oder falsch war, deshalb hielt jeder seinen Mund, um ja nichts preiszugeben, und blieb so weit wie möglich unauffällig – *professionell*, wie man heutzutage sagt.

Aber vielleicht ist gerade das falsch?

A. begriff nicht, wie man diese ganze Sache so ernst nehmen konnte. Für ihn war es nur ein Vorstellungsgespräch wie jedes andere auch. Ein Gefallen für seine Eltern – nicht mehr und nicht weniger.

Die sogenannte Karriere konnte später kommen, er hatte keine Eile.

Sie warteten und warteten und nichts passierte.

Niemand wurde aufgerufen, nicht das geringste Geräusch entkam dem Nebenzimmer.

Ist da überhaupt jemand?

Der große Zeiger der Wanduhr im Wartezimmer beschrieb lautlos und unendlich langsam seinen Kreis. So unerträglich, beinahe schmerzhaft langsam. Die Nervosität schlich sich von hinten an und überfiel einen. Niemand konnte sich mehr in Gedanken auf seine Vorbereitungen konzentrieren. Geistesblitze und Gedankenfetzen schwirrten vor ihren geschlossenen Augen und schlugen mit den Flügeln wie tausend wahnsinnig gewordene Schmetterlinge. Die nüchternen Mägen rumorten.

A. bemerkte aber sonst nichts Ungewöhnliches. Es fröstelte ihn, er war müde und hungrig. Er schloss seine Augen und döste ein wenig. Eigentlich hatte er sowieso nichts Besseres vor, wie er dachte, und der Konzern zahlte Verpflegung und Reisekosten. Wenn es nur nicht zu lange dauerte und sie ihn bald aufrufen würden.

Am besten wäre es, sie gingen alphabetisch vor, dann hätte ich es bald hinter mich gebracht.

„Herr Diplom–Ingenieur F.!", krächzte es viel zu laut aus einem unangenehm rauschenden Lautsprecher, dann war es wieder still.

A. schreckte aus seinem Halbschlaf hoch und blickte neugierig um sich. Er war nicht sicher, ob er richtig gehört hatte oder ob es ein Traum gewesen war. Schließlich stand ein schwitzender Fettklops auf, richtete nervös seine Haare im Spiegel, atmete tief durch und öffnete die massive, laut knarrende Tür, die nun vom Wächter freigegeben wurde. Er zögerte kurz, bevor er sich durch den offenen Spalt hindurchzwängte. Und mit lautem Knall fiel die massive Holztür wieder zu.

Jeder hatte versucht, einen Blick in das Nebenzimmer zu erhaschen, doch es war unmöglich. Die Tür war nur so weit aufgegangen, dass der Mann gerade noch hindurchschlüpfen konnte. Dann war es wieder still, so als wäre gar nichts geschehen.

Ängstliches Aufatmen und weinerliches Seufzen untermalte die spürbare Verzweiflung der jungen Bewerber. Es war, als konnte man ihnen beim Altern zusehen, jede Minute wurde ihnen ihre Jugend aus den Gliedern gesaugt und ließ sie immer runzliger und hässlicher werden. Die Schatten in ihren Gesichtern wurden immer dunkler und länger und die Adern ihrer Hände schwollen an, immer blauer und dicker, bis sie wie kleine dünne Gummischläuche zu platzen drohten.

A. nahm seine Konkurrenten noch mal genauer unter die Lupe; keiner von ihnen war besonders auffällig: bleiche, bartlose, aber nervös zuckende Babyfaces mit zittrigen Händen. Der schwere Gestank von einer Überdosis Deodorant verschiedener billiger, süßer Sorten hing in der Luft. Selbst die burschikosen Frauen trugen kurzes brünettes Einheitshaar, als ob es an der Garderobe uniforme Perücken zum Ausleihen gegeben hätte. Die meisten starrten einfach nur dümmlich in die Luft, manche hatten ihre Augen zu und schienen sich ihren auswendig gelernten Text in Gedanken vorzusagen, denn ihre Lippen bewegten sich lautlos wie beim Rosenkranzbeten.

Am anderen Ende des Wartezimmers fiel ihm eine etwas reifere, aber attraktive Frau auf. Sie wirkte in ihrem engen biederen Kostüm wie eine strenge Hochschullehrerin. Ihre silberne Brille betonte diesen Eindruck noch. Ihr Gesicht war makellos, leblos, und ihre Augen starrten wie aus einer düsteren Totenmaske hervor. Er versuchte, mit ihr in Augenkontakt zu treten, doch sie reagierte weder auf sein frivoles Lächeln noch auf das übermütige Zwinkern.

Plötzlich brannte ein stechender Schmerz in seinem Kopf, wie ein greller Blitz, der seine Nerven im Hirn wie Stromkabel durchbrennen ließ. Er rollte seine Augen nach oben, während er leise vor Schmerzen aufstöhnte. Mit geschlossenen Augen massierte er sich die Schläfen und langsam entschwand dieser ihn so plötzlich attackierende Schmerz wie ein immer leiser werdendes Geräusch.

Sein hungriger Zustand schien sich wohl schon physisch zu manifestieren, wie er dachte. Er blickte auf die Uhr: Es war bald Mittag.

Die Überwachungskamera summte und blinzelte mit dem kleinen roten Auge und erschien in ihrem erfrischend chaotischen Verhalten irgendwie lebendiger zu sein als all die anwesenden Lebewesen.

Von Diplom-Ingenieur F. hatte man nie wieder etwas gehört.

II.

„War es nur ein Albtraum? Ist es nun vorbei?"

Dies fragte sich Fürst Reginald, als er plötzlich aus seinem unruhigen Schlaf erwachte.

Er erhob sich aus dem Himmelbett und sah aus dem schmutzigen Fenster seiner Burg, die auf dem einzigen bewaldeten Hügel der Umgebung thronte.

Die Landschaft war grün und leer. Kein Bauer wetzte über sein Feld; kein Kind spielte lachend auf den Wiesen; kein verdorrtes Hutzelweib suchte nach Zauberkräutern; keiner der Mönche aus dem nahe gelegenen Kloster bettelte schamlos auf den ausgetretenen, matschigen Wegen.

Nein, es war kein Traum gewesen. Selbst von hier oben konnte man sie sehen: Ratten! Überall tote und todbringende Ratten! Kleine ferne schwarze Punkte wanderten durch das ausgerottete Land, versuchten in jede Behausung einzudringen, um alles zu fressen, alles zu infizieren mit ihrem verpesteten Atem, an dem die Menschen zu Tausenden wie die Fliegen langsam und grausam krepierten.

Als die Ratten vor einem Jahr wie aus dem Nichts das Land zu überschwemmen und anschließend genauso plötzlich zu sterben begannen, fing die *große Pestilenz* an. Sie vermehrten sich rasend schnell, tausendfach, millionenfach. Keine Katze konnte gegen diese Rattenbrut etwas ausrichten. Und diese Nager starben tausend-, millionenfach, weggefegt von Gottes Güte.

Jetzt bevölkerten und regierten sie das Land und verurteilten jeden Schuldigen und Unschuldigen zum Tode. Die grausame *Strafe Gottes* blieb aufrecht, egal wie sich die Verurteilten zu verteidigen gedachten.

Diese kleinen Rattenbiester waren grausamer als jeder erbarmungslose Kaiser oder brutale König, von dem Fürst Reginald je gehört hatte. Gegen ihre gewaltige Überzahl war man machtlos, selbst die endlosen Gebete und die schmerzhafte Sühne durch Flagellation blieben wirkungslos. Sie töteten Tausende von ihnen, verbrannten ihre Nester, schlugen sie zu Brei, doch für jede tote Ratte schienen zwei oder drei dieser gefräßigen Nager nachzukommen.

Fürst Reginald fühlte sich so wehrlos und machtlos wie nie zuvor.

Dem Tod ausgeliefert.

Das Land erstickte unter den verfaulten Menschen- und Rattenkadavern, die zu Land verstreut herumlagen und zu Wasser wie verwelkte Blätter den Fluss entlangtrieben.

Auch hier, innerhalb der Burgmauern, waren sie nicht verschont geblieben. Seine Diener und Hofmeister verreckten erbärmlich wie die Hunde, einer nach dem anderen. Kein Medikus, kein Kräuterweib, nicht einmal eine dieser abscheulichen Hexen aus dem Wald konnte sie vor ihrem furchtbaren Schicksal bewahren.

Er versuchte, mit etwas Hausverstand und den Ratschlägen der Medizi, die Seuche zumindest innerhalb der Burg einzudämmen: Er ließ Infizierte aus dem Schloss werfen und sandte sie zu den Mönchen im nahe gelegenen Kloster zur Beichte; die Toten wurden sogleich verbrannt – das Feuer würde zumindest die Ratten fernhalten; wegen der faulen Winde aus dem Süden und Osten wurden nur nach Norden gerichtete Fenster geöffnet; kein Schlaf untertags und keine harte Arbeit, die den Körper schwächen konnte; innerhalb der Burg wurden überall süßlich duftende Substanzen verbrannt, um dem grausamen Pestgestank entgegenzuwirken; überall ließ er sogenannte Pestblätter aufhängen: Bilder von Heiligen, die vor der Seuche schützen sollten; wunderschöne Frauen hätte er von der Burg vertrieben, aber die beiden verbliebenen Mägde waren so hässlich, dass sie diese Pestilenz wohl eher abschreckten als anzogen (nur seine Tochter Gerlinde durfte bleiben, jedoch im Turm weggesperrt).

Nur mehr ein gutes Dutzend seiner Gefolgschaft war übrig geblieben, der Rest lag verbrannt und vergraben mit den toten Ratten hinter der Burg. Die letzten Kühe, Pferde, Schweine und Hühner waren wohl in wenigen Monaten von den letzten verbliebenen Menschen oder den Ratten aufgefressen. Das Wasser schmeckte modrig und faul, man ernährte sich fast ausschließlich von Wein und Bier, das ihnen die Mönche aus dem Kloster lieferten.

Die letzten zwei Mägde kochten jeden Tag dicke Brühen, in denen alles schwamm, woraus sich Nahrhaftes extrahieren ließ. Damit feierten sie jeden Tag ein rauschendes Fest im Burghof, um mit lauter Musik und hemmungslosem Tanz, sexuellen Ausschweifungen und einer enormen Menge an Alkohol im Blut dem Tod ein Schnippchen zu schlagen. Oder zumindest das Leben noch einmal ausgiebig zu zelebrieren, bevor sie langsam aber sicher elendig zugrunde gingen.

Am nächsten Morgen, noch bevor die Sonne über dem Horizont hervorlugte, verfeuerte man die wohlriechenden aromatischen Substanzen und sie fanden sich alle in ihren Stuben ein, zum ausführlichen Beten und ausgiebiger Selbstgeißelung, um vielleicht doch vor der grausamen *Strafe Gottes* verschont zu bleiben.

Von seinem Schlafgemach aus konnte Fürst Reginald zum gegenüberliegenden Turm der grauen Burg sehen. Er glaubte, durch eines der kleinen Fenster die Silhouette seiner Tochter Gerlinde zu erkennen.

Seine bedauernswerte Tochter Gerlinde: Er hatte sie in den Turm sperren lassen, um sie vor der verpesteten Umwelt abzuschirmen. An einen Ort, an den nicht einmal die verfaulten Winde und verdammten Ratten gelangen konnten, die ansonsten omnipräsent waren, tot oder lebendig. Er wusste, Gerlinde hasste ihn dafür, dass er sie wie einen einfachen Verbrecher wegsperren ließ. Doch irgendwann würde auch sie verstehen, dass es nur zu ihrem Besten gereichte, und werde ihm letztendlich dankbar sein. Das hieß, wenn sie diese grausame Tragödie unversehrt überstand.

Vögel zwitscherten fröhlich beim Fenster herein – doch Fürst Reginald wusste, dass sie logen, und hätte sie am liebsten vom Himmel geschossen.

Von Weitem konnte man Rauch in den Himmel aufsteigen sehen und mit ihm ein paar weitere unschuldige, von der Pest dahingeraffte Seelen. Wieder jemand, der samt ein paar Kadavern sein Hab und Gut in Flammen aufgehen ließ, um das *Große Sterben* zu bekämpfen.

Der Großteil der Landbevölkerung sperrte sich in seinen vier Wänden ein, so wie Fürst Reginald es tat, und sie ließen niemanden, absolut niemanden, eintreten. Denn jeder konnte den Tod mit sich tragen, ohne es zu wissen. Sie hatten selbst vor ihren Angehörigen, ihren Onkeln, Neffen, Großvätern und sogar Vätern und Söhnen Angst und so mancher verwies sein eigenes Blut schon beim ersten Anzeichen von Fieber, Husten oder auch nur einer kleinen unbedeutenden Rötung der Haut des Hauses, mit oder ohne Einverständnis der Mütter, Großmütter, Tanten und Nichten. Sie hatten so große Angst voreinander, dass es keine Umarmungen mehr gab, keine Küsse, keine Liebkosungen. Es war eine Zeit der Angst, des Misstrauens und der Hoffnungslosigkeit, denn jeder fürchtete den Tod.

Es schützte sie trotz alledem nicht vollends, denn man aß das von den Ratten vergiftete Korn und man trank das verdorbene Wasser und man steckte sich trotz aller Vorkehrungen gegenseitig an. Schließlich wurden sie wahnsinnig und verbrannten ihre Häuser und Frauen und Kinder und liefen davon, krepierten unterwegs, oder wurden umgebracht, um nicht andere anzustecken.

Fürst Reginald war verzagt.

Es war kein Ende der teuflischen Plage abzusehen – die Nahrungsmittel und die Menschen schwanden langsam wie der letzte Schnee im Frühling.

Die Felder, Wiesen und Wälder verwahrlosten, die Tiere gewannen ihren Lebensraum zurück: Bären und Wölfe wanderten anstatt Menschen über die Felder; herrenlose Pferde tranken aus muffigen Tümpeln; Rehe lugten aus den Wäldern und fraßen schließlich frech den Klee von den Wiesen, ohne um ihr Leben fürchten zu müssen; sie alle waren begleitet von den Ratten, den kleinen Todesbringern, den Pestsoldaten, die die Menschen effizient vom Land gefegt hatten wie ein Tischler die Holzspäne in seinem Arbeitszimmer.

Was war nur in Gott gefahren, warum ließ er dies alles zu? Sie waren doch alle gute Christen gewesen!

Er selbst hatte Klöster und Kirchen bauen lassen, betete jeden Tag mehrere Male, war gut und gerecht zu den Menschen, auch zu denen, die es seiner Meinung nach nicht verdient hatten. Er geißelte sich bis zur Besinnungslosigkeit, manchmal mehrmals am Tag.

Die Menschen auf seinem Land waren gut und fromm: Wieso hatte Gott gerade sie so hart bestraft? Ja, Gottes Wege waren schon immer unergründlich gewesen, doch noch nie war es ihm so aussichtslos erschienen. Und niemals zuvor hatte er sich so hilflos gefühlt.

Es musste etwas geschehen: Er wollte mit den Mönchen und Priestern reden, mit ihnen eine Lösung suchen und finden, wie man diese schreckliche Seuche mit Gottes Hilfe vertreiben konnte. Sie hatten ihm seit Wochen keinen frischen Wein oder zumindest Bier geschickt.

Wandten sich nun auch die Geistlichen gegen ihn?

Wussten sie über den Grund dieser grausamen *Strafe Gottes*?

Was haben wir verbrochen, dass über uns so erbarmungslos gerichtet wird?

Der desperate Fürst Reginald stieg die steile Treppe des Turms hinauf, wo seine Tochter Gerlinde alleine und verlassen ihr Dasein fristete. Manchmal klopfte ein Medikus an ihre Tür, um sie zu untersuchen: Bisher war es ihr gut ergangen. Tote Ratten lagen überall auf den Stufen und er trat wütend nach den kleinen, noch frischen oder schon verwesenden Kadavern.

Er klopfte an die Tür und sprach zu ihr durch die Luke, durch die sonst Mahlzeiten gereicht wurden: „Gerlinde, mein liebstes Kind, bitte verzeih! Noch ist die grausame Plage nicht ausgestanden. Bald, bald, mein Kind, bald ist es vorbei und dann wird das Leben wieder glücklich und zufrieden weitergehen. Gott wird nicht zulassen, dass dir Unschuldsengel etwas passiert. Davon bin ich überzeugt! Hörst du, meine geliebte Tochter?"

Er vernahm ein Heulen und Schluchzen aus dem Verlies.

„Bitte, mein Kind, sprich doch zu mir!“

Sie schluchzte weiter wie ein Burggeist.

„Vergib mir, meine geliebte Gerlinde, dass ich dich wie einen gewöhnlichen Kriminellen wegsperren ließ. Aber nur so bist du vor der schrecklichen Pestilenz sicher! Wenn auch du von dannen gehst, dann ist alles für mich verloren! Dann sehe ich keinen Sinn in meinem Leben! Dann gibt es keinen Gott mehr …“

Nun vernahm er Schritte, die sich der Türe näherten. Er öffnete die Luke und wollte das süße Gesichtlein seines Töchterchens sehen, nur einen kurzen Augenblick, um sich und sie zu beruhigen. Doch es war nicht das Gesicht seiner Tochter, was er erblickte: Es war die Fratze des Todes! Eine halb verfaulte, mit schwarzen Beulen durchzogene Visage! Er schreckte zurück, als ob ihm der *Schwarze Tod* persönlich begegnet wäre. Dann wieder das Weinen und Schluchzen, das ihm durch Mark und Bein ging. Hass und Wahnsinn sickerten in seinen Leib, durchzogen ihn mit dem fauligen Geschmack der Verzweiflung. Der Gestank von verbranntem Fleisch schwitzte durch die dicken und feuchten Mauern.

„Gerlinde!“, jammerte er. Mehr wusste er nicht zu sagen.

Ihre schwarzen, eitrigen Finger versuchten, aus der Luke zu entwischen, doch sie gaben bald ihr sinnloses Verlangen auf.

Immer, wenn er die Augen schloss, sah er nun Gerlindes verunstaltetes Gesicht und hörte ihr verzweifeltes Heulen. Schließlich stieg er bedrückt den verwunschenen Turm hinab.

Die faulen Winde mussten durch die Ritzen der Burgmauern in ihr Verlies gedrungen sein! Es war also tatsächlich so: Die Pest wurde von den jungen hübschen Mädchen angezogen! Die Hexenweiber hatten ihn gewarnt, aber er hatte ja nicht hören wollen. Was hätte er auch tun können? Seine Tochter von der Burg verbannen?

Eher hätte er ihr die Schönheit geraubt.

Das hatte nun der Teufel selbst erledigt.

Fürst Reginald versank in noch tiefere Verzweiflung und sang: „Oh, du lieber Augustin, alles ist hin!"

III.

A. langweilte sich furchtbar.

Aber dieses unbestimmte Gefühl war die ganze Zeit geblieben.

Er blickte nach links und beobachtete den Kandidaten neben sich: Wie eine leere Menschenhülle saß er da, starrte mit rot unterlaufenen Augen ins Nichts und schwitzte seine Angst in den Anzug. Manchmal kratzte er sich am Nacken und wischte sich die Nervosität von den Händen in die Hose. Am liebsten hätte A. mit ihm geplaudert, denn er wirkte nicht unsympathisch, doch er hatte Angst, dass dieser arme Teufel vor Schreck einen Herzanfall erlitt, wenn er ihn plötzlich ansprach.

A. wandte sich wieder ab und dachte an das bald bevorstehende Vorstellungsgespräch. Seine Mitbewerber waren sicher alle hervorragende Studenten gewesen. In der Anzeige hieß es unnötig ausführlich, dass es Zeitverschwendung wäre, würde man sich mit einem „Notendurchschnitt größer als eins" bewerben und man wurde höflich gebeten, „solch einen Unsinn zu unterlassen". Doch er ahnte schon, dass Noten nicht alles im Leben waren, und schrieb sich selbst, obwohl es ihn eigentlich gar nicht interessierte, gute Chancen auf den Job zu.

Wieso auch nicht?

Er schloss nochmals die Augen und versuchte sich zu entspannen. Seine Gedanken erstarben schon beim kleinsten Anzeichen von Form und Klarheit – und er schlief ein. Minuten später erwachte er von seinem eigenen Schnarchen und handelte sich durch seine klar erkennbare Indifferenz böse Blicke ein. Rebellisch zeigte er allen seinen metaphorischen Mittelfinger in Form eines Zungenschlags und Zwinkern mit dem rechten Auge.

Er überlegte, ob er nicht aufstehen und von hier verschwinden sollte.

Nein, irgendwie war er neugierig geworden, was wohl hinter all dieser abgeschmackten Geheimnistuerei steckte, und er beschloss zu bleiben.

„Frau Magister Doris B.", schallte es mit kratzender Stimme viel zu laut durch den Raum, und eine der beiden jungen Frauen stand auf, nahm ihre Handtasche, richtete ihren Rock und ihre Brille zurecht, atmete tief durch und kämpfte sich durch das geheimnisvolle Portal. Nach dem lauten Zuknallen der Tür hörte man nichts mehr von ihr – der fremde Kosmos hatte sie vollständig verschlungen.

Gegenüber von A. hing neben der Tür ein Spiegel, der so hoch angebracht war, dass er, wenn er aufstand, gerade noch sein Gesicht sehen konnte. Zwischen den Bleichgesichtern grinste er wie ein ahnungsloser Dorftrottel – und er erschrak, denn sein Gesicht war bleich wie das der anderen. *Äußerlich bin ich perfekt an diese sonderbare Umgebung angepasst,* dachte er. Er richtete seine Krawatte, setzte sich wieder und schloss die Augen. Den Anblick der anderen ertrug er gerade nicht, sie machten ihn durch ihr manisches Gekratze und dümmliches Stieren ganz nervös. Er lenkte sich ab, indem er versuchte, sich die Herren und Damen der Personalabteilung vorzustellen – doch es gelang ihm nicht. Es war, als ob seine Gedanken diesbezüglich blockiert waren. Er erkannte nur sich selbst, seine schwarz umrandeten Augen und seine bläulichen Lippen. Auch konnte er sich in diesem Moment keine Vorstellung von den Fragen machen, die sie stellen könnten. Er mutmaßte, dass es sich nicht um die üblichen Fragen handeln werde. Es lag sicher an dieser ungewohnt beklemmenden Stille und an dem stickigen Warteraum, dass er sich nicht mehr konzentrieren konnte. Er schloss abermals die Augen, um sich abzulenken, in irgendeine belanglose Fantasie abzugleiten und sich darin zu verlieren.

Plötzlich läutete es so laut, dass A. vor Schreck fast vom Sessel gefallen wäre. Er dachte an einen Feueralarm, doch es war nur die Glocke, die die Mittagspause einläutete. Der Rezeptionist kam herein und bat „die Herrschoftn zum Mittagstisch, im Speisesoi fürstlich gedeckt!".

Schon Mittagspause und erst zwei Kandidaten sind aufgerufen worden?

Gemeinsam irrte man immer noch wortlos zum Speisesaal, wo sich eine imposante Tafel befand: Silberbesteck und Porzellangeschirr neben wunderschön gefalteten Servietten und Kristallgläser glitzerten einem entgegen wie hoffnungsvolles Traumgestirn.

Dann trottete ein Kellner im Frack heran und servierte gleichgültig grüne, bröckelige Erbsensuppe. Der Kellner stolperte unbeholfen von einem zum anderen und klatschte die grünliche Brühe lieblos auf die wunderschön verzierten Porzellanteller. Dann gab es zerkochte Eingeweide in Minzsoße, eine royale Spezialität, aber für die hiesigen Gaumen eine absolute Unzumutbarkeit.

Nur A. schmauste genüsslich, denn in seinem immensen Kohldampf hatte er schon die kindische Angst verspürt, sein Magen würde sich langsam selbst verdauen.

Die anderen blickten ihn argwöhnisch an und stocherten lieblos in ihrem Fraß. Schließlich taten sie es ihm gleich und würgten sich die ungenießbare Mahlzeit in den hungrigen Schlund, als ob sie Angst hätten, man würde es ihnen anlasten, wenn sie nicht aufaßen. Der eine oder andere würgte sogar hörbar.

A. wurde misstrauisch beäugt. Wusste er etwas, dass die anderen nicht wussten? Wollte man testen, wie sie in einer unerwarteten Situation reagierten? Oder war der hungrige Kollege der Spion der Personalabteilung, der sich ans schlechte Essen gewöhnt und sich somit verraten hatte?

Gegenüber A. saß die attraktive Hochschulprofessorin. Sie konzentrierte sich sichtlich aufs Essen, als ob sie in eine ungeheuer wichtige Arbeit versunken war und nicht gestört werden wollte. Dann hob sie schüchtern ihren Kopf und blickte ihn an, lächelte verlegen und widmete sich wieder aufmerksam ihrer Aufgabe. Sie nahm einen Bissen, kaute nicht, sondern schluckte alles auf einmal, mit geschlossenen Augen. Man konnte beobachten, wie ihre Augenwinkel kleine Tränen gebaren. Dann nippte sie an dem säuerlichen Rotwein, um den Geschmack der ekelhaften Eingeweide aus dem Mund zu bekommen. In ihrer Verzweiflung sah sie nicht mehr so attraktiv aus.

Warum sie sich selbst so quält?

A. schüttelte den Kopf und wollte schon etwas sagen, aber überlegte es sich anders.

Ihm schmeckte es gerade, und statt des sauren Weins trank er das kredenzte Wasser aus riesigen Glaskrügen.

Als der unfreundliche Kellner die Teller abservierte, standen einige auf und setzten sich an die Bar, um zu rauchen.

Fünf Minuten vor dreizehn Uhr läutete wieder die Glocke, um wie im Theater die Fortsetzung des Dramas anzukündigen. Man trabte wie Schafe mit der Herde, von brutalen Hirtenhunden der Angst angetrieben, zurück auf die Weide, wo der schwarze Wächter unverändert, wie in Fels gehauen, stand – und wachte.

Vollkommen unerwartet platzte der Rezeptionist ins Zimmer und ließ die Bewerber in seinem schonungslosen Dialekt wissen, dass heute voraussichtlich nicht alle Bewerber aufgerufen werden würden und dass natürlich alle Übrigen herzlich eingeladen wären, die Nacht auf Kosten des internationalen Konzerns hier im Schlosshotel K. zu verbringen. Verzweifeltes Raunen durchspülte den Raum. Der Rezeptionist machte eine militärische Kehrtwendung und verließ den Warteraum auf schneidigste Art und Weise.

Nachmittags wurde nur einer von ihnen aufgerufen. Einige wippten idiotisch wie geistig Zurückgebliebene auf ihren Stühlen auf und ab, andere fixierten einfach nur einen Punkt im Raum und starrten leblos vor sich hin.

Eine exzellente Zombieparade, wie A. schmunzelnd dachte.

Man ließ die Kandidaten tatsächlich bis zehn Uhr abends in diesem Warteraum sitzen, ohne einen weiteren aufzurufen – bis plötzlich die Erde bebte. Der Schreck fuhr ihnen wie ein böser Geist in die Glieder: Jeder versuchte, sich irgendwo festzuhalten, einem entkam sogar ein Schrei. Die Nerven wurden maximal belastet.

Kurz nachdem die Erschütterung vorbei war, platzte der Rezeptionist wieder in den Raum und schrie: „Meinä Herrschoften, äs is ollas in Urdnung, bittä mocha Sie si kane Surgen, Se sän do olle sicha!" Und mit unerwarteter Herzlichkeit kündigte er noch demütigst an, dass nun „die Zimma fir de Herrschoften herg'richt san!".

Alle bezogen sie gehorsam – und nervlich ziemlich am Ende – ihre Zimmer.

Dann war das Abendessen angerichtet: Die Tafel war abermals wunderschön gedeckt und es gab wieder diese zerkochte Erbsensuppe und die Eingeweide in Minzsoße, wohl Überreste vom Mittag.

„Der Hunger ist der beste Koch!", meinte A. lächelnd und wie ein armer Hungerleider verschlang er gierig seine Mahlzeit.

Zumindest ist es besser als gar nichts. Und schließlich gratis!

Einige verweigerten das Abendessen, nachdem sie sahen (und olfaktorisch vernahmen), was aufgetischt wurde. Sie gingen direkt an die Bar, um sich nach der Küche zu erkundigen und eine zu rauchen. Die Küche war schon geschlossen, aber man hatte noch Erbsensuppe übrig.

Sie befragten den Barkeeper, ob es in der Umgebung ein Restaurant gäbe, doch dieser meinte, dass um diese Zeit schon alles geschlossen hatte. Aber man könne noch eine Portion Erbsensuppe anbieten. Angewidert und höflich dankend wurde dieses großzügige Angebot abgelehnt.

„Sind Sie sicher, dass Sie keine Erbsensuppe wollen?"

A. bestellte sich ein kühles Bier.

Er hatte den halben Tag nur gedöst, jetzt war er munter und ein wenig aufgeregt, hatte Lust auf ein Abenteuer und überlegte, ob es in der Umgebung ein Bordell gab. Plötzlicher stechender Schmerz im Kopf tötete diesen Gedanken sofort wieder ab.

Ein junger Mann mit stark verunreinigter Gesichtshaut saß an einem Tisch und las ein zerfleddertes Magazin, trank Whiskey und blickte nun zu A. herüber. Die beiden Konkurrenten starrten sich für eine Weile an, dann stand das Pickelgesicht auf, nahm sein Glas und kam zu A. an die Bar.

„Gestatten, mein Name ist Thomas K.", sagte die Pickelfresse, hob dabei prostend sein Glas und machte einen Schluck. Das kam unerwartet für A. – es wurde gesprochen!

„Ich bin A.", sagte A. etwas zurückhaltend und misstrauisch. Er wollte nichts mit diesem unsympathischen Menschen zu tun haben. Seine eitrigen Pickel schienen kurz vorm Zerplatzen – er stellte sich diese Explosiönchen im Gesicht des hormongeladenen jungen Mannes vor und wie diese kleinen Eitergeschwülste auf ihn zuschossen. A. verzog angewidert sein Gesicht und wandte sich von der Hässlichkeit ab, um einen großen Schluck von seinem Bier zu nehmen. Schließlich beendete er die peinliche Stille mit einem lauten Rülpser.

Pickelfresse sprach, zeigte seine kleinen braunen Zähne: „Darf ich Sie was fragen?"

Nein, du Kotzbrocken! Aber sprich ruhig weiter, ich bin neugierig.

„Was versprechen Sie sich von diesem Vorstellungsgespräch?"

A. blickte ihn überrascht an.

„Denken Sie, Sie haben auch nur die geringste Chance? Mir ist egal, was die anderen sagen!"

Ja, was sagen denn die anderen? A. wunderte sich immer mehr, doch er sagte nichts, sondern wartete gespannt auf den Grund dieser Konversation.

„Ich glaube nicht, dass Sie auch nur den Funken einer Chance haben!", wiederholte Thomas K. „Eigentlich wundert es mich, dass Sie überhaupt eingeladen wurden, Sie wirken so unkultiviert, so unprofessionell. Seien wir uns doch ehrlich: Sie haben ganz offensichtlich nicht die Voraussetzungen für diese Position. Ersparen Sie sich die Peinlichkeit und verlassen Sie besser diesen Adelssitz, bevor Sie sich nachhaltig lächerlich machen. Ich meine, wir werden hier rund um die Uhr überwacht, die Personalchefs beurteilen jedes Wort, das Sie sprechen, jeden Bissen, jeden Schluck, den Sie machen, jede Mimik und jede Ihrer peinlichen Gestikulationen. Selbst Ihr penetrantes Schnarchen wird ganz bestimmt einen Teil ihrer Beurteilung ausmachen und wahrscheinlich dazu führen, dass Sie schon vorzeitig nach Hause geschickt werden – da bin ich überzeugt davon!"

In dieser perfiden Art redete das Eitergesicht weiter, wie ein auf Dauer unangenehm lauter Wasserfall.

Wieso erzählst du mir das, du eitriger Schleimbeutel?, fragte sich A., schwieg aber lieber, denn er war nicht – noch nicht! – auf Kollisionskurs.

A. trank einen verlegenen Schluck nach dem anderen, bis sein Bier leer war, dann bestellte er sich ein neues, denn ohne hielt er dieses unfreundliche Gefasel nicht aus.

K. brabbelte und brabbelte, manchmal nickte A. zustimmend, sagte „Ja" oder „Ich weiß nicht" und beschloss, zwei Schnäpse zu bestellen. K. bedankte sich, meinte, er hoffe, A. nehme ihm das Ganze nicht übel, und er meine es nicht persönlich, aber er sah es als seine Pflicht, ihn von seinen allzu offensichtlichen Unzulänglichkeiten zu unterrichten. Sie stießen an und stürzten sich das hochprozentige Gesöff die Kehle hinunter.

Thomas K. redete ohne Pause weiter.

A. schwieg eloquenter, als K. sprach.

Wenn dieser K. einer von der Personalabteilung war, dachte A., dann wollte man ihn wohl auf die Probe stellen. Beobachten, wie er auf diese Gemeinheiten reagierte. Feststellen, wie weit man gehen konnte, um ihn zu erniedrigen. Oder einfach nur, um ihn bis aufs Blut zu reizen.

Irgendwann war es ihm zu viel, der Bogen war überspannt.

Der letzte Tropfen in Form des dummen Wortes „inkompetent" hatte das Fass zum Überlaufen gebracht.

„Warum erzählen Sie mir das alles?", unterbrach A. Pickelfresse grob und schon ein wenig lallend, nachdem er mit seiner zufälligen Bekanntschaft weitere fünf Schnäpse getrunken hatte.

„Ich muss sagen, ich habe Sie mir eigentlich ganz anders vorgestellt – mit mehr Selbstvertrauen! Ich bin ein wenig enttäuscht", nuschelte A. undeutlich.

Thomas K. sah ihn fragend an. „Wie meinen Sie das?"

„Frag doch nicht so blöd!", schrie ihn A. verärgert an. „Warum erzählen Sie mir das alles? Wollen Sie mich aushorchen? Geben Sie es zu, Sie sind einer *von denen*! Los, sagen Sie schon! Sie haben sich in dem Moment verraten, als Sie den Mund aufgemacht haben und das erste Wort gesprochen haben!"

Thomas K. sah ihn bestürzt an.

A. hatte sehr laut gesprochen und man schaute neugierig zu ihnen herüber.

„Und falls ich mich irre, sind Sie doch nur genauso wertlos wie wir anderen, sogar noch schlimmer, Sie kommen her und beleidigen mich, reden ungefragt auf mich ein …"

Aus A. sprach zweifellos der Alkohol und er tat sich sichtlich schwer, sich zu artikulieren. Am liebsten hätte er Pickelfresse eine verpasst, diesem eingebildeten, hässlichen, mit kleinen Pickelvulkanen gespickten Gesicht. Er wollte ihm hemmungslos Schimpftiraden an den Kopf werfen, doch Thomas K. stand auf und schritt beleidigt davon, allerdings nicht mehr so weltmännisch wie zuvor, weil betrunken. Und ohne „Gute Nacht" zu sagen.

„Scheiße!", rief A. und stürzte sich noch einen letzten, den Tag abschließenden Schnaps hinunter.

Er war nun ganz alleine an der Bar.

Was war das für ein beschissenes Vorstellungsgespräch?

„Die Rechnung geht auf den verfickten internationalen Konzern! Habe die Ehre", rief er dem Barkeeper zu.

Er holte seinen Zimmerschlüssel und stolperte die Stufen hoch.

Er benötigte eine Weile, um die Tür aufzusperren, und ließ sich aufs frische Bett fallen.

Er genoss den Geruch von frischer Bettwäsche.

Automatisch fischte er einen Traubenzucker aus dem Hosensack und lutschte ihn.

Dann verlor er in dem Moment, als sein Kopf in die weichen Polster sank, das Bewusstsein, ohne Zähne zu putzen, sich auszuziehen oder zuzudecken.

IV.

Fürst Reginald wollte sich der Pestilenz noch nicht ergeben! Falls die Mönche tatsächlich um das Geheimnis der *Strafe Gottes* wussten, wie er dachte, dann wussten sie auch, auf welche Art und Weise man ihr beikommen konnte. Und schließlich war es ihre brüderliche Pflicht, die armen Menschen seines mittlerweile recht ausgestorbenen Landes – und auch ganz besonders seine geliebte Tochter! – zu retten. Er konnte sich in diesem Moment kein Opfer vorstellen, dass er nicht zu geben bereit war. Er würde sogar sein Leben geben, wenn er nur wüsste, dass er so seine Tochter Gerlinde vor dem sicheren Tod bewahrte.

Nach reiflicher Überlegung sandte er nach seinem engsten Vertrauten, dem Hofnarren Silvius, der nicht nur Lieder und Scherze aller Art vortrug, sondern ihm während der schrecklichsten Krisen mit Rat und Tat beigestanden hatte.

Silvius lebte in der Burg, seit Reginalds Vater die Herrschaft über die Ländereien übernommen hatte. Er war als Junge nach einem kalten und verregneten Sommer von seinen Eltern mit den Worten „Du bist so hässlich, dass sich sogar die Sonne vor deinem Antlitz verbirgt" verbannt worden. Und in der Tat, er war sehr hässlich. Doch sein unangenehmer Anblick hielt ihn nicht davon ab, sich gewitzt und schlau durchs Leben zu schlagen, und es fiel ihm nicht besonders schwer, alleine über die Runden zu kommen. So hatte er aus der Not eine Tugend gemacht: Er nutzte seine Hässlichkeit für seine Streiche und wurde, weil man sich königlich über ihn amüsierte, bald bei den Menschen, die ihm für die kurzweilige Unterhaltung gern ein Süppchen spendierten, sehr gern gesehen.

Bei seinen ausgedehnten Wanderungen durch die Wälder war er von der Exekutive des Fürsten aufgegriffen worden und man hatte angedroht, ihm wegen Landstreicherei den Prozess zu machen. Am besten so kurz wie möglich: Ein Baum zum Aufknüpfen war schon bereitgestanden.

Aber er hatte die Schergen des Fürsten mit seinen derben Späßen so sehr zum Lachen gebracht, dass sie sich seiner erbarmten und ihn dem Fürsten, der in letzter Zeit über furchtbare Langeweile geklagt hatte, höchstpersönlich vorführten. Und tatsächlich: Der junge Silvius trug seine vorzüglichen Späße und Lieder vor und der Fürst bereute es nicht.

Auch Silvius war erfreut: Er wurde in der Burg vom als furchtbar streng bekannten Fürsten aufgenommen und durchgefüttert, da er sich als sehr unterhaltsam erwiesen hatte. Und mit der Zeit keimte eine Freundschaft zu dem Fürsten auf, die sich in weiterer Folge auch auf dessen Sohn Reginald übertrug.

Silvius war seinem Herrn immer treu und ergeben gewesen. Seine Narreteien wiederholten sich zuweilen, doch blieben sie amüsant und jeder Gast des Fürsten war begeistert vom Schabernack, den Schmähliedern und der eloquenten Lyrik des hässlichen Narren.

Nun bekam Silvius einen Auftrag, der ihm ganz und gar nicht zusagte, denn es könnte durchaus auch sein Ableben bedeuten. Fürst Reginald war verzweifelt und es ging schließlich um dessen Tochter – wenn es ihm gelänge, den Plan erfolgreich durchzuführen, stünde der Fürst für immer in seiner Schuld, was sich bestimmt auch in Dukaten niederschlagen würde.

Die Anweisung war einfach: Das nahe gelegene Kloster aufsuchen und einen der Mönche dazu überreden, ihn zu begleiten und – im Notfall auch unter Androhungen – mit ihm in die Festung zu kommen. Als direkter Vertreter Gottes konnte nur einer von den fleißigen Mönchen Gerlinde vor dem sicheren Tod bewahren!

Des Weiteren lamentierte der Fürst, dass ihm jemand helfen musste, diese gottlose Teufelsbrut zu vernichten, diesen vermaledeiten Ratten endlich den Garaus zu machen! Alleine fühlte er sich hilflos, doch mit Gottes Hilfe musste der Erfolg gelingen! Er wusste, es war die einzige, die allerletzte Möglichkeit zur Errettung seiner Tochter, die letzte Hoffnung für die Menschen in seinem Land und für einen Sieg über das Gottlose, das furchtbare Böse!

Silvius war naturgemäß wenig begeistert von der Idee, die Burg zu verlassen und den riskanten Weg zum Kloster auf sich zu nehmen. Die Gier nach Macht und Dukaten war aber doch stärker und außerdem blieb ihm kaum eine Wahl: Er musste dem Herrn demütig gehorchen. Ausgiebig beten und sich beim Anblick des wunderschönen Sonnenaufgangs bis zur

Besinnungslosigkeit peitschen. Nach dem Erwachen in seiner Kammer schnürte er seinen Ranzen und ließ sich von der Magd ein paar Scheiben Brot und eine weingefüllte Ziegenblase als Wegzehrung mitgeben.

Mit der Ziegenblase um die Schulter machte er sich auf den Weg zum Kloster, um noch vor Sonnenuntergang wieder zurück zu sein, denn er hatte Angst vor der teuflischen Dunkelheit, die nie Gutes im Schilde führte. Alle bösen Sachen, so sagte man, passieren bei Nacht, weil sich nur zu dieser Zeit der gemeine Beelzebub aus dem stinkenden Schwefelpfuhl wagte.

Ein laues Lüftchen begleitete ihn auf seiner Reise, auf der er vorerst keiner Menschenseele begegnete. Wie zufällig lagen halb verweste, vom Gewürm zerfressene Menschen- und Tierkadaver in der blühenden Landschaft verstreut, umgeben von noch mehr toten Ratten und der allgegenwärtigen Rattenscheiße. Der furchtbare Geruch von Tod und Verwesung wurde vom lauen Lüftchen ins Land getragen.

Die Ratten mieden seinen Weg. Manchmal vernahm er sie im Gestrüpp, wie sie hin und her huschten, doch er war sich sicher, solange es Tag und er in Bewegung war, konnte er sich in Sicherheit wähnen, und er schritt schnellen Schrittes zum Kloster.

Als er das altertümliche Gemäuer schon von Weitem in der ausgedehnten grünen Ebene erblickte, fing sein Herz vor

Freude zu rasen an. Endlich hatte er sein Ziel erreicht – er hoffte nur, einer der Mönche war einsichtig und er musste niemanden mit dem plötzlichen Ableben bedrohen. Denn ein kaltblütiger Mörder war er gewiss nicht.

Während er sich zügig dem Kloster näherte, sah er schon aus der Ferne die toten Kuttenträger, die ebenso wie der einfache Pöbel in der Landschaft verwesten.

Seine anfängliche Begeisterung wich nun der Furcht und bedrückenden Hoffnungslosigkeit.

Ist noch einer von den Geistlichen am Leben?

Endlich beim Kloster angekommen, stand die massive Pforte offen: Zwischen Tür und Angel lag ein verwesender, von Ratten umzingelter und halb zerfressener Mönch. Mit Steinen warf Silvius nach den kleinen Quälgeistern und trat durch das Tor in das dunkle feuchte Gemäuer. Überall lagen tote Ordensbrüder – in ihren einfachen Zellen, wo der eine oder andere Mönch im Schlaf gestorben sein musste, weil er dalag, als schlafe er noch, mit den Händen auf der Brust verschränkt; in den dunklen Gebetsräumen, wo die Kerzen heruntergebrannt und keine neuen mehr angezündet worden waren; in den Küchen, wo das Essen mit einer grünen Schicht überzogen am Herd stand, als wäre es Teil des bemoosten Waldes; im blühenden Hof, wo so mancher bei der Selbstgeißelung vor Erschöpfung zusammengebrochen sein musste; selbst am Baum hing ein Geistlicher, der – ganz entgegen des christlichen Brauches – mit dem Seil Selbstmord begangen hatte; sogar im Brunnen lag einer und starrte in den Himmel. Silvius hoffte, dass der Teufel sich ihre Seelen nicht einfach gegen ihren Willen geschnappt hatte, mit Hilfe seiner pelzigen Soldaten, die ihnen die Eingeweide, die Augäpfel und das Gehirn aus den ranzigen Körpern fraßen. Kein Stöhnen oder Flennen deutete darauf hin, dass auch nur einer der Mönche diese Katastrophe überlebt hatte. Nur Ratten, tot oder lebendig, egal wohin man blickte.

Silvius war nur einen Moment unachtsam und eine besonders gefräßige Ratte konnte wohl seinen Tod nicht abwarten und biss ihm in seinen nackten Fuß. Er erschrak und trat voller Graus auf die gemeine Ratte, die er wie Korn in der Mühle zermalmte, sodass das Gedärm des vermanschten Rattenviehs zwischen seinen Zehen hervorquoll.

Er erkannte schließlich, dass er hier nichts mehr ausrichten konnte. Er belud sich mit so viel Bier, wie er tragen konnte, und machte sich auf den Heimweg. Zumindest etwas Proviant hatte er gerettet und würde vom Fürsten wohl als Held gefeiert werden.

Er eilte zurück zur Burg, um seinem Herrn zu berichten.

Wieder am Tor angelangt, wollte man ihm jedoch keinen Einlass gewähren. Auch das mitgebrachte Bier konnte die Wächter nicht erweichen, ihn einzulassen. Es hieß, der Befehl kam vom Fürsten selbst.

Verzweifelt schlug Silvius gegen die Tore, doch es blieb stumm hinter den hohen Burgmauern.

Wie kann das sein? Ich habe meinen Auftrag doch ausgeführt!

Schließlich glaubte Silvius, dass Gerlinde wohl ihrer Pest erlegen war und der Fürst sich aus Verzweiflung aus dem Fenster gestürzt hatte, denn einen anderen Grund konnte er sich für diesen Verrat nicht vorstellen.

Die fürstlichen Diener waren ihm gegenüber immer eifersüchtig gewesen. Nun blieb ihm nichts Anderes übrig, als Abschied zu nehmen und seine Reise ins Ungewisse anzutreten.

Am nächsten Tag fühlte er sich etwas fiebrig, ihm war kalt und heiß zugleich. Der Fuß war von dem Rattenbiss furchtbar angeschwollen. Geschwülste an seiner Gurgel und unter den Achseln erfüllten ihn mit Sorge. Sein Herz raste und er trank das starke Bier der Mönche zur Beruhigung. Dann wetzte er seinen Dolch und überlegte.

Als er die Landstraße entlangwanderte und sich im nächsten Dorf Rettung erhoffte, wurde er plötzlich von einem wild gewordenen Ritter überfallen und brutal erschlagen. In den letzten Sekunden seines Lebens empfand er eine so ausnehmend kolossale Ungerechtigkeit, dass es ihm die Zornesröte ins Gesicht steigen ließ. Doch in Wahrheit war es ein Gnadentod gewesen, denn die Pest hätte ihn gemächlich und grausam verrecken lassen.

Nun war es überstanden – und er war von dem Elend erlöst.

Füchse und Bären nahmen sich schließlich seines noch recht frischen Kadavers an und genossen ein Festmahl.

Fürst Reginald hatte traurig wahrgenommen, dass Silvius alleine zurückgekommen war. Das hieß, etwas Schreckliches war bei den Mönchen passiert – nun war auch sein allzeit treuer Hofnarr und seelischer Beistand dieser gottverdammten Pestilenz ausgesetzt gewesen. Deswegen war wohl keiner der Mönche bereit gewesen, ihn zur Burg zu begleiten, um ihnen Gottes Hilfe zu schicken. Oder gab es keine Hilfe unseres Schöpfers? War wirklich alles verloren?

Ja, es ist alles aus und vorbei!

Er sah keinen Ausweg mehr: Die große Pestilenz würde früher oder später auch ihn holen, würde sich jede einzelne Seele in diesem gottverfluchten Land unter den Nagel reißen. *Niemand wird überleben!* Hier würde die Geschichte des Kosmos enden – und er konnte nichts dagegen tun! Kein Hexenmeister, kein Hutzelweib, kein Kuttenträger konnte ihnen mehr helfen.

Er schloss sich in seiner Kammer ein und legte sich aufs Bett. Ihm, dem Fürsten, liefen Tränen aus den schmutzigen Augenwinkeln – und er schämte sich vor sich selbst.

Wieso hast du uns verlassen, Herr, den wir so sehr lieben, für den wir alles gemacht haben, was uns die Heilige Schrift vorschreibt? Nein, es kann keinen Gott geben, er würde dieses Verderben niemals zulassen! Das ist Teufelswerk und Hexerei, daran besteht kein Zweifel!

Es gab keinen Grund mehr für ihn weiterzuleben. Sich weiter quälen zu lassen und dem grausamen Treiben zuzusehen. Kein Gebet mehr, keine Geißelung, keine Beichte und auch kein Sakrileg. Nichts mehr. Selbstmord. Wer wollte schon langsam verrecken? Doch zuerst musste er seine Tochter von dieser Qual befreien …

Plötzlich wurde ihm ein leises Trippelgeräusch gewahr – eine dieser verdammten Ratten war irgendwie in sein Gemach gelangt. Er sprang auf und jagte das kleine graue Biest.

„Schau zu, dass du wieder dorthin verschwindest, wo du hergekommen bist! Teufelsbrut! Abschaum!" Er warf mit Gegenständen nach ihr, dann stürzte er wie vom Haber gestochen auf sie, doch sie entschwand ihm wieder.

„Zur Hölle sollst du fahren, elende Teufelsbrut! Bestell deinem Herrn, er möge so gut sein und sich zeigen! Wenn er es wagt!"

Völlig außer sich griff er nach seinem Schwert und wollte dem Nager den Garaus machen, doch dieses kleine Rattentier begann plötzlich zu wachsen: Aus dem kleinen Rattenkopf wurde ein beinahe menschlich anmutendes Antlitz, durchzogen mit eitrigen Pusteln und grünen Beulen; die winzigen Rattenpfoten transformierten zu Armen und Beinen mit langen, messerscharfen Krallen; dieses dämonische Wesen wedelte mit seinem Schwanz, kratzte sich am haarigen Wanst und begann zu schmunzeln; der Gestank von Phosphordunst und Schwefel stieg gelb und gurgelnd aus dem steinernen Fußboden auf.

Fürst Reginald ließ vor Entsetzen sein Schwert fallen und fiel auf die Knie. Nun war es um ihn geschehen, meinte er, der Herr der Pestilenz würde schließlich auch ihn holen.

„Du hast mich gerufen, unwürdiges Menschlein, hihi!", sprach und kicherte der pelzige Dämon, stinkend, zischend und dampfend wie ein frisch gelöschtes Lagerfeuer.

50

V.

Als A. aus seinem unruhigen Schlaf erwachte, brodelte in seinem Kopf ein brummender Schmerz. Der Traubenzucker hatte seine Wirkung verfehlt: Wieso blieb ihm allerdings schleierhaft, denn diese süße präventive Medizin hatte sonst nie versagt.

Er blickte auf seine Armbanduhr und stellte benommen fest, dass er noch eine Viertelstunde hatte. Noch immer im Anzug nahm er verärgert zur Kenntnis, dass er wieder keine Zeit für Frühstück hatte.

So zerknittert wie er war, platzte er in den Warteraum, der schon vollzählig besetzt war. Alle starrten ihn ungläubig an, als ob es nicht wahr sein konnte, was sie da vor sich sahen: Sein Anzug faltig wie Papier, das man erst zerknüllt und anschließend wieder glatt gestrichen hatte; an der Frisur erkannte man, dass sie vor Kurzem noch am Polster geruht hatte; seine Augen waren rot und sein Mund roch nach Zahnpasta. Wie die anderen hatte er viel zu viel Deodorant aufgetragen, um dem schwitzigen Mief Einhalt zu gebieten. Er setzte sich direkt neben die bewachte Tür und massierte sich seine Schläfen, um die Kopfschmerzen loszuwerden. Er überlegte, ob für eine ausgiebige Dusche nicht ins Zimmer zurück oder gar nach Hause fahren sollte – dann schlief er wieder ein und schnarchte sehr laut, bis ihn die unangenehm laute Pausenglocke aufschreckte.

Die Überwachungskamera blinzelte manisch.

Benommen blickte er sich um, seine Mitstreiter trotteten wie geprügelt aus dem Raum. Fix und fertig zwang er sich von seinem Stuhl hoch und folgte ihnen. Sein Magen knurrte furchtbar.

Die Tafel im Speisesaal war wieder mit Silberbesteck und Kristallgläsern gedeckt. Sie saßen schon alle bei Tisch, als der schwarz befrackte Kellner erschien und ihnen wieder diesen grünen Brei auf die Porzellanteller klatschte. A. glaubte, ein *Déjà-vu* zu haben. Aber egal, er hätte sogar Menschenfleisch verspeist, wäre es ihm serviert worden, so hungrig war er.

Während er jenseits aller Manieren wie ein hungriger Wolf alles in sich hineinschlang, wurde er von allen Seiten misstrauisch und angewidert betrachtet. Er wischte sich die Erbsensuppe vom Mund und trank etwas von dem säuerlichen Wein. Seine Kopfschmerzen schwanden langsam und er freute sich schon auf den Nachschlag. Es gab wieder Eingeweide in Minzsoße. Die Eingeweide waren diesmal noch weicher und die Minzsoße noch geschmackloser, aber er ließ nichts übrig. Einige erhoben sich von der Tafel, ohne das Essen angerührt zu haben, und verließen den Speisesaal.

„Wie kannst du den Fraß nur hinunterwürgen?", flüsterte ihm die Hochschulprofessorin mit vor Ekel verzogener Miene zu. Sie stand auf und ging zur Bar. Er antwortete nicht, denn er hatte den Mund voll, nickte aber zufrieden. Er war beim Essen noch nie besonders anspruchsvoll gewesen, ihm genügte dieser zerkochte Brei voll und ganz. Immerhin war es gratis!

A. blickte sich um und bemerkte die Pickelfresse Thomas K., er lächelte heute nicht mehr so überlegen. Im Gegenteil, er sah ein wenig gequält aus der Wäsche. Vermutlich hatte auch er noch Kopfschmerzen von dem vielen Fusel. Seine grüngelben Pickel leuchteten aus dem bleichen Antlitz und seine kleinen Augenschlitze waren von dunkelblauen Ringen eingerahmt. Auch er stand von der Tafel auf, ohne sein Essen angerührt zu haben, und taumelte zurück zum Wartezimmer. Er musste sich anhalten, um nicht umzufallen.

A. stand auf und ging auf die Toilette, um sich frisch zu machen. Als er wieder zurückkam, fühlte er sich fit genug für den Tag und beschloss, doch noch ein Weilchen zu bleiben. Vielleicht würde man ihn am Nachmittag drannehmen.

Wenn schon die Gesellschaft nicht besonders anregend war, konnte er sich zumindest über sie lustig machen.

Die arrogante Pickelfresse wurde sofort nach dem Essen aufgerufen. A. blickte zur Überwachungskamera hoch und grinste hinein. Als ob sie es gewusst hätten, dass K. nicht in bester Verfassung war.

K. schien Mühe zu haben, sich nicht übergeben zu müssen. Er versuchte aufzustehen und erinnerte dabei eher an einen arthritischen Alten als an einen jungen motivierten Manager. Alle blickten zu K., als sein Name durchgesagt wurde, und erfreuten sich gehässig an seinem mitgenommenen Zustand.

Bevor er die Tür zum Salon öffnen konnte, wurde sein Name noch einmal aufgerufen, diesmal harscher und ein wenig ungeduldig. Das war sicher kein gutes Zeichen und keiner wollte jetzt in seiner Haut stecken.

Plötzlich bebte es wieder, wenn auch nicht so stark wie gestern. Ein Nachbeben! Niemand machte Anstalten aufzustehen: Sie hatten sich alle mit Katastrophen arrangiert.

Im Laufe des Tages waren sechs Leute aufgerufen worden: Drei vormittags (wovon A. nichts mitbekommen hatte) und drei nachmittags (zehn Minuten, nachdem Thomas K. aufgerufen worden war, war schon der nächste Bewerber an der Reihe gewesen).

A. blickte zur Hochschulprofessorin. Sie lächelte ihn gehässig an und er lächelte freundlich zurück – er hatte die Pickelfresse schon längst vergessen. *Heute*, dachte A., *heute Abend werde ich sie ansprechen! Heute entkommt sie mir nicht! Vorausgesetzt, wir sind am Abend noch da.*

Nun verlor einer der Mitbewerber die Nerven und fing zu weinen an. Es war beängstigend und berührte einen peinlich, diesen noch jungen, aber doch schon erwachsenen Mann flennen zu sehen. Sein Schluchzen ging durch Mark und Bein und keiner seiner Konkurrenten machte Anstalten, ihn anzusprechen, geschweige denn, ihn zu trösten – alle sahen sie betreten weg und wünschten sich, er würde aufstehen und einfach verschwinden.

Ein kahlköpfiger Hüne in schwarzem Anzug kam bei der Tür hereingestürzt. Er hielt sich den Ohrenstöpsel, während man ihm etwas zuflüsterte, blieb vor dem Weinenden stehen und befahl ihm schroff, aufzustehen und mitzukommen. Niemand rührte sich, als ob man Angst hätte, der Nächste zu sein.

Der im Gesicht tränenfeuchte Jammerlappen stand auf und begann noch lauter zu schluchzen, während er, ohne sich weiter zu wehren, grob abgeführt wurde. Wie ein Verbrecher, der sich seiner Schuld plötzlich bewusst geworden war und nun seine gerechte Strafe empfangen wollte.

Das Wartezimmer stank erbärmlich nach Angstschweiß.

Es ereignete sich noch ein weiterer Zwischenfall: Kurz vor zwanzig Uhr hörte man einen verzweifelten Schrei aus dem Salon, wo das Vorstellungsgespräch stattfand. Die letzten im Wartezimmer Anwesenden schauten einander an, als ob sie am liebsten ihre Sachen packen und nach Hause zu ihren Mamis flüchten wollten.

Das Szenario wirkte auf A. ermüdend und langweilig, fast schon lächerlich. Trotzdem beschlich auch ihn langsam ein beängstigendes Gefühl.

Der junge Mann links neben ihm zitterte wie Espenlaub.

Schließlich wurde mit der schrillen Pausenglocke das absonderliche Ritual angekündigt: Das klassische Menü, von der freundlichen Bedienung aufgetischt. Aber man nahm trotzdem daran teil, um den angeblichen Erwartungen gerecht zu werden.

Nach dem Essen entspannte sich A. wieder an der Bar und freute sich auf ein Bier.

Die Hochschulprofessorin war schon von der Tafel aufgestanden, bevor es ihm möglich gewesen war, sie anzusprechen. Und nachrufen wollte er ihr nicht, das hätte er als unhöflich empfunden.

All die anderen Mitbewerber hatten sich in ihre Zimmer zurückgezogen, einer verließ gar das Schloss und verzichtete auf diese einmalige Karriere-Chance.

Später wollte A. seine Eltern verständigen, dass er bald nach Hause kommen werde: *Sie machen sich bestimmt schon Sorgen!*

Da spürte er, wie ein weiteres Nachbeben seinen Barhocker schwanken ließ.

A. versuchte, mit dem Barkeeper zu plaudern, doch dieser gab ihm zu verstehen, dass er ihn in Ruhe lassen soll. Schließlich betrank er sich wieder mit Schnaps, während er sich Tagebuch-Notizen in sein kleines schwarzes Büchlein machte. Dass er von einem seiner Konkurrenten aus sicherer Entfernung beobachtet wurde, merkte er nicht.

A. fragte sich, wie weit er für diese Stelle, die er eigentlich gar nicht wollte, gehen werde. Neugier und Arroganz waren der Grund, warum er noch hier war. Und die Wut auf diese großkotzigen Arschlöcher aus der Personalabteilung. Gleichzeitig war er auch gespannt, was sich hinter dieser bewachten Tür befand, ob der Salon sich seit seinem letzten Besuch stark verändert hatte oder nicht. Was die Leute dazu trieb, sich für diesen internationalen Konzern erniedrigen zu lassen – koste es, was es wolle, und ohne Rücksicht auf Verluste.

Selbst nach diesen spürbaren Erdbeben hatte keiner Anstalten gemacht, aufzustehen, um nach Hause zu fahren.

Wie ließ sich der fanatische Wille seiner Konkurrenten erklären? Was steckte dahinter, dass man so versessen darauf war, diese Stelle in diesem renommierten internationalen Konzern zu ergattern? War es nur das Geld, das sie antrieb? Oder versteckte sich hier noch ein anderes Geheimnis, etwas, wovon scheinbar nur die anderen, die Eingeweihten wussten?

A. konnte sich keinen Reim auf die vorgefallenen Ereignisse machen. Und wichtiger noch: *Warum bin ich selbst noch hier?* Waren es wirklich Neugier und Arroganz? Oder wollte er insgeheim gegen diese lächerlichen Missgeburten gewinnen? Diese Demut – dieser Wille, sich derart zu erniedrigen, war beängstigend. Er wollte sich diesen wahnsinnigen Verein ansehen und ihnen dann ins Gesicht spucken. Und ihnen mitteilen, dass sie sich ihre freie Scheißposition in die Arschhaare schmieren konnten.

Er trank und schrieb aufgeregt, mit zittrigen Händen, in sein schwarzes Büchlein.

Das ewige Warten, die beklemmende Stimmung, der zwischenmenschliche Abgrund. Kälte und Prestige.

Fleischroboter, auf der Suche nach Beifall, Reichtum und Macht.

Man musste sie wachrütteln, bevor es zu spät war. Aber das war nicht seine Aufgabe, das sollten andere übernehmen, wie er dachte.

A. schloss nun sein schwarzes Büchlein und ging auf sein Zimmer. Schließlich fiel er erneut stocksteif ins Bett, doch diesmal stellte er den Wecker, um nicht wieder ohne Frühstück und Dusche in den Tag gehen zu müssen.

Dabei hatte er total vergessen, dass er ja seine Eltern verständigen wollte.

Am nächsten Morgen erwachte er kurz bevor der Wecker zu läuten begann. Er duschte, doch für Frühstück hatte er wieder keine Zeit, denn er hatte das heiße Wasser viel zu sehr genossen und das Handtuch war so angenehm weich und flauschig, dass er sich noch daran schmiegte, als er schon lange trocken war.

Das Schlosshotelzimmer war geräumig und mit Möbeln aus dem vorigen Jahrhundert ausgestattet. Keine Bibel im Nachtkasten. Er verließ es in dem Glauben, es nie wieder zu betreten.

Die Anzahl der Bewerber war nun auf circa die Hälfte geschrumpft. Als schließlich einer von ihnen aufgerufen wurde, ging dieser nicht zur Tür in Richtung Vorstellungsgespräch, sondern rannte, wie von einem Bienenschwarm verfolgt, den Ausgang hinaus, in die Freiheit.

A. wunderte sich nicht besonders, sondern schüttelte nur den Kopf. Danach passierte eine Zeit lang gar nichts.

Das rote Auge schlief.

Kurz vor Mittag begann A.s Gegenüber zu zucken, ähnlich einem epileptischen Anfall, und er fragte ihn besorgt, ob es ihm gut gehe.

„WAS GEHT DICH DAS AN? LASS MICH IN RUHE! HAST DU GEHÖRT? LASS MICH IN RUHE! DU MACHST MICH KRANK MIT DEINER GOTTVERDAMMTEN GELASSENHEIT! DU DENKST WOHL, DU BIST WAS BESSERES, DU ARROGANTES ARSCHLOCH! HÖRST DU, DU MACHST MICH KRANK! LASS MICH IN RUHE, MACH DEINE SCHEISSNOTIZEN IN DEIN SCHEISSNOTIZBUCH UND VERPISS DICH! HÖRST DU?"

A. dachte schon, er würde jetzt verprügelt werden, als der Irre aufsprang und auf ihn zustürzte. Das Gesicht des Verrücktgewordenen war rot angelaufen, wie ein spontan gereifter Paradeiser. Doch da betrat einer der Wächterhünen den Raum und der Irre erstarrte. Der Wächter, der die Tür bewachte, hatte sich keinen Millimeter bewegt. Er musste seinen Kollegen benachrichtigt haben.

„ER WAR ES, NICHT ICH!", schrie der Irre und zeigte mit dem Finger auf A., doch der Wächter fasste ihn am Nacken und zog ihn wie einen frechen Fratzen nach draußen. Man hörte das Geschrei des Irren noch eine Weile, dann war es still.

A. war erschöpft. Noch so ein Vorfall und er würde aufstehen und nach Hause fahren.

Bis zum späten Nachmittag wurde niemand aufgerufen. So eine Situation hatte A. noch nie zuvor erlebt. Matura, Führerscheinprüfung, Diplomprüfung, *das erste Mal* – lächerlich dagegen! War der angebotene Job so anspruchsvoll, dass man zu solchen fragwürdigen Mitteln greifen musste, um die Bewerber zu testen, beziehungsweise, um sie bis aufs Blut zu reizen?

Abends gab es wieder Erbsensuppe und Eingeweide in Minzesoße und säuerlichen Rotwein in Kristallgläsern, serviert vom frisch gestylten, aber unmotivierten Kellner.

Was will man damit bezwecken? Das ist lächerlicher Klamauk, ein unwahrscheinlich müder Witz!

Das Leben verkam hier zusehends zum absurden Theater. Ruhig bleiben war die Devise. Nicht auf Kollisionskurs mit jemanden gehen, gegen den man nicht gewinnen kann.

Bald ist es ja vorbei – es musste ja bald vorbei sein! Oder?

A. fielen seine Eltern ein und er fragte bei der Hotelrezeption nach einem Telefon. Der Portier war sehr nett und überreichte ihm den Hörer.

„Seit dem Erdbeben ist die Verbindung sehr instabil", meinte er.

Die Leitung war entweder tot oder es war besetzt.

„Wo befindet sich das nächste Telefon?"

„Hier in der Umgebung haben wir alle dasselbe Problem, leider. Ich denke, es macht nicht viel Sinn, Sie ins Dorf zu schicken.

Außerdem gibt es dort immer wieder Stromausfälle, da haben wir hier im Schloss mit dem Notstromaggregat sicher die besseren Karten. Aber ich kümmere mich darum und melde mich, sobald es wieder funktioniert, Herr A."

A. ging zurück an die Bar. Heute saßen hier alle verbliebenen Mitstreiter, ohne Ausnahme, und er war froh, dass er den Abend nicht alleine verbringen musste.

Er setzte sich zur Hochschulprofessorin am Tresen.

Endlich habe ich die Gelegenheit, mich ohne Beleidigungen und Ärger kultiviert zu unterhalten.

Einer der Bewerber schrie plötzlich auf. A. glaubte an Irrsinn oder Alkoholeinfluss.

„Was geht denn hier ab? Hab ich etwas versäumt?", fragte A., doch die Hochschulprofessorin starrte in ihr Weinglas, mit dessen Rand sie spielte. Dann blickte sie auf und sah ihn ernst an. Er begann, sich Sorgen zu machen.

„Was ist denn los?"

Sie blickte wieder in ihr Weinglas und sagte mit verklärter Stimme: „Pass auf dich auf. Ich glaube, die hecken was aus!"

Einer der Männer schrie: „Nein, das geht zu weit, da mach ich nicht mit!" Es wurde versucht, ihn zu beruhigen, doch er machte weiter Krach.

„Das können wir nicht machen!", schrie er und seine zwei Gesprächspartner begleiteten ihn nach oben.

„Was ist denn da los? Sind jetzt schon alle verrückt geworden in diesem Irrenhaus?"

Die Hochschulprofessorin verabschiedete sich und ging auf ihr Zimmer.

A. hatte sich die Abendvorstellung ganz anders vorgestellt: mehr reden; mehr Alkohol; zumindest ein bisschen ficken.

In der Nacht wurde A. zweimal geweckt: Einmal von einem weiteren Nachbeben. Er war zu verschlafen und es war ihm in dem Augenblick egal, dass jeden Moment alles über ihm einstürzen und ihn begraben könnte.

Das zweite Mal war da ein Tumult vor seiner Zimmertür, mehrere laute Stimmen. Er wünschte sich, dass sie endlich alle die Fresse halten würden, und schlief gleich wieder ein.

Am nächsten Morgen versuchte er, seine Eltern zu erreichen, doch die Verbindung war immer noch tot. A. hatte plötzlich das Gefühl, dass das weniger mit dem Erdbeben als mit dem Schloss und dem Vorstellungsgespräch zu tun hatte. Er verwarf den paranoiden Gedanken und ging zurück ins Wartezimmer, diesmal aber zu spät und einer der Bewerber pöbelte ihn deswegen an. A. wunderte sich mehr darüber, dass er überhaupt angesprochen wurde, als darüber, dass man ihm gegenüber unfreundlich war.

Dann fiel ihm auf, dass drei der Bewerber fehlten. Nämlich jene drei, die gestern diese laute Meinungsverschiedenheit gehabt hatten. A. kratzte sich am Kopf und setzte sich neben die Hochschulprofessorin. Sie war sichtlich überrascht, dass er überhaupt anwesend war. Manchmal blickte einer der verbliebenen Konkurrenten zu ihm herüber, und bemerkte es A., sah jener schnell wieder weg und tat, als ob nichts geschehen war.

A. schloss seine Augen und strahlte, aus Trotz, diese verhasste Gelassenheit aus. Er ahnte, dass er bei seinen Konkurrenten nicht gerade beliebt war, aber er wusste nicht, dass sie ihn bis aufs Blut hassten. Man munkelte, dass er derjenige war, der höchstwahrscheinlich die Stelle bekommen sollte, und das trieb seine Konkurrenten in den Wahnsinn. Sie verstanden nicht, wie dieser scheinbar unkultivierte, immer verschlafene und arrogante Alkoholiker als sicherer Anwärter für die Stelle als *Rechte Hand* des Vorstandes gelten konnte.

Er war über das feindseliges Verhalten seiner Konkurrenten irritiert und es war ihm unmöglich, diese offene Feindschaft nachzuvollziehen. Immerhin war er doch einer von ihnen, nicht mehr und nicht weniger. Von den Gerüchten ahnte er nichts.

An diesem Tag wurden zwei weitere Bewerber aufgerufen, einer am Vormittag, und einer nach dem Mittagessen (Erbsensuppe und Eingeweide in Minzesoße). Gelegentlich erschütterten schwache Nachbeben die dumpfen grauen Mauern.

Schön langsam reichte es A. – *Ein Tag noch, dann bin ich verschwindibus. Was für ein Affentheater!*

Er grübelte in seinem Bett, bevor er einschlief. Selbst die geheimnisvolle Hochschulprofessorin verhielt sich so zurückhaltend, als ob hier etwas im Gange wäre, etwas, wovon gerade er nichts wissen durfte. Oder bildete er sich das alles nur ein und alles war ganz normal?

Er träumte Bedrohliches und Konfuses.

Draußen regnete es immer noch.

A. erwachte schon um fünf Uhr morgens.

Er blickte in den Spiegel und wunderte sich sehr über sein Aussehen: Das ungewöhnliche Essen, der viele Alkohol und der schlechte Schlaf schienen ihm besonders zugesetzt zu haben. Er sah um Jahre gealtert aus, bleich und aufgedunsen, mit schwarzen Ringen unter den kleinen grauen Augen, so als sehe er die Reflexion seiner eigenen Leiche.

Er atmete tief durch. *Dieser Job ist es bestimmt nicht wert, sich so fertigmachen zu lassen, egal wie viel Geld und Macht er einem verschafft.*

Aber so dachte nur jemand, der sich nicht für Geld und Macht interessierte.

Zum Glück war es ihm egal: Er wollte vor diesen Arschlöchern antreten und ihnen die Meinung geigen. Dann würde er beruhigt nach Hause fahren und den Sommer genießen. Und es ging ihm gleich viel besser bei diesem Gedanken, der in seinem Kopf wie ein Schlachtruf kurz vor dem letzten großen Kampf erklang.

Aber es kam anders: Während sie zu dritt in dem Wartezimmer saßen und sich bis zum Mittagessen nichts tat, wurde er langsam nervös, bis schließlich sein Puls raste. Es überkam ihn eine nie zuvor gekannte Angst – die Angst davor, in diesen vermaledeiten Salon zu diesem Vorstellungsgespräch anzutreten, sich zu rechtfertigen, sich zu blamieren, vielleicht sogar bestraft zu werden. Er stand nun plötzlich auf und wollte den Raum verlassen, nach draußen gehen, sich ins Auto setzen und einfach davonfahren, nach Hause, in sein Zimmer, einschlafen und das alles hier einfach vergessen. A. verlor nun die Nerven.

Doch der andere Mitbewerber kam ihm zuvor: Blitzartig sprang er auf und wollte in den Salon stürmen.

Da bewegte sich der sonst steinerne Wächter, griff nach dem Eindringling und stieß ihn zu Boden. Der Junge sprang auf und lief mit einem Schlachtruf auf den Wächter zu, doch der schlug ihm ins Gesicht und der Angreifer taumelte rückwärts gegen die Wand und ging zu Boden. Der Wächter nahm seine vorige Position wieder ein und versteinerte. Die Tür öffnete sich und der andere kahlköpfige Wächter ergriff den Bewusstlosen am Kragen und schleifte ihn am Boden entlang nach draußen.

A. stand immer noch, setzte sich aber wieder und blickte fragend zur Hochschulprofessorin. Die schaute genauso blöd aus der Wäsche wie er. Sie sagte nichts, war wieder zu einem bläulichen Eiszapfen erstarrt. Er gab es auf, mit ihr Kontakt aufnehmen zu wollen.

Soll sie doch wie die anderen zur Hölle fahren. Scheiß auf euch alle!

Nach der gewohnten Kotze am wunderbar gedeckten Mittagstisch döste A. im Wartezimmer so vor sich hin. Plötzlich fühlte er sich beobachtet, als ob man ihn mit den Augen zerreißen und auffressen wollte. Er blickte hoch und sah, wie ihn die Hochschulprofessorin anstarrte. Nein, sie grinste ihn an mit einer stark entstellten, dämonischen Fratze mit Feueraugen und Wurzelhaar. Er schloss wieder seine Augen und hoffte, dass es nur ein Traum gewesen war, hielt sie geschlossen, bis er vollkommen erschöpft dem Schlaf nachgab und in eine noch konfusere Traumwelt gezerrt wurde.

Nachmittags wurde keiner von ihnen aufgerufen.

„Soll das ein Witz sein?", schimpfte er. Danach trank er an der Bar ein paar kühle Bier und ging grübelnd zu Bett.

Noch ein Tag, dachte er bei sich, *dann hast du es überstanden.*

Am nächsten Morgen war er der Einzige im Wartezimmer.

Wo ist die Hochschulprofessorin? Hat sie aufgegeben oder ist sie eine von ihnen? Er bereute jetzt doch, dass er sie nicht besser kennengelernt hatte.

Kurz bevor ihm der Kragen platzte und er aufstehen und den Raum verlassen wollte, tönte durch den Lautsprecher sein Name. Es war, als ob sie seine Nerven maximal zu belasten trachteten und genau wussten, wie weit sie gehen konnten.

„Herr Magister A.", schallte es durch den Raum, unangenehm laut. Jetzt war seine Stunde gekommen und sein Herz raste wie wild. Er wollte nur mehr hier raus, so schnell wie möglich.

Aber nicht, ohne diesen verdammten Arschlöchern der Personalabteilung die Leviten gelesen zu haben.

Er stand auf, blickte noch einmal in sein bleiches Spiegelantlitz und öffnete die schwere Tür. Die Kamera blinzelte ihm ein letztes Mal zu.

Er hatte Angst. Wovor genau, das wusste er selbst nicht.

68

DAS VORSTELLUNGSGESPRÄCH

„Erst die schweigende Mehrheit
ermöglicht das schreiende Unrecht."
Gregor Stefan Heuwangl

70

I.

Mir wurde mulmig zumute.

Ich verstand in diesem Augenblick nicht, wieso ich eigentlich noch hier war. Wieso ich nicht schon lange nach Hause gefahren war.

„Wieso zur Hölle bin ich immer noch hier?", fragte ich mich laut immer wieder. Ja, wieso war ich noch hier?

In diesem Moment war ich ziemlich angeschissen.

Ich wäre gern rausgelaufen und der Aufforderung einzutreten nicht nachgekommen! Sie alle – auch meine dreimal verfluchten Eltern! – vor den Kopf stoßen!

Keiner der Mitbewerber hatte mit mir kommunizieren wollen. Und wenn sich vielleicht doch einer bequemte, den Schnabel aufzureißen, wurde ich nur beleidigt! Oder sie brabbelten wirres Zeug!

Ist es das, worauf unsere Welt wartet?

Ist es das, was unsere Gesellschaft braucht? Dass genau solche – korrupt, machtversessen und oberflächlich – in den höchsten Positionen sitzen und die Fäden ziehen?

Und diese fiesen Kopfschmerzen! Fuck! Fuck! Dreimal Fuck!

Aber jetzt war es endlich so weit!

Ich war aufgeregt, verärgert und neugierig zugleich.

Ich öffnete die schwere Holztür und die Mauern erzitterten.

Normalerweise hätte ich beim ersten Anzeichen eines Erdbebens dieses Schloss sofort verlassen. Doch irgendetwas hatte mich zurückgehalten. Ich war fasziniert und gleichzeitig angewidert von diesem sonderbaren Schauspiel.

Oder war doch ich der Sonderbare hier?

Statt motivierten, gestylten und selbstbewussten Kandidaten hatten hier entnervte, verängstigte junge Menschen gewartet, die aussahen, als ob sie jeden Moment in einem Anfall vom Sessel fallen und verrecken würden. Bleiche Gesichter und ausgemergelte Körper, am Rande des Nervenzusammenbruchs.

Nur diese Hochschulprofessorin hatte vital gewirkt.

Wo ist sie eigentlich?

Aber es war ja nur normal, gesund und kräftig zu sein!

Nur nicht hier in diesem modrigen Gemäuer! Hier war alles krank, bleich, brutal und nervös. Wieso das so war, wusste ich nicht. Aber das galt es nun herauszufinden – die Antworten lagen hinter diesem massiven Portal.

Ich fühlte mich, als hätte ich wie ein abenteuerlicher Archäologe eine geheime Grabstätte betreten, auf der wie auf den altägyptischen Pharaonenmumien ein Fluch lag.

Als ich mich in den Saal begab, dachte ich, ich musste mich geirrt haben: Ich war mit meinen Eltern schon vor Jahren einmal in diesem Salon gewesen. Allerdings war er mir viel kleiner und weniger prachtvoll in Erinnerung geblieben. Statt eines kleinen Besucherzimmers mit halb vergammelten Möbeln tat sich nun ein riesiges Schiff wie in einer Kathedrale auf, an dessen Ende ein massiver Schreibtisch wie ein Altar thronte. Viel mehr konnte ich aufgrund der großen Entfernung kaum erkennen.

„Komm näher!", rief mir jemand hinter dem Schreibtisch zu.

Bestand diese abgewichste Personalabteilung nur aus einer einzigen Person?

Eine Person, die so weit entfernt saß, dass ich sie noch nicht einmal genau ausmachen konnte? Links und rechts standen zwei schwarz gekleidete Wächter, starr und stumm, wie gehabt.

An der Decke baumelten Luster, die glitzerten, als ob sie mit Diamanten bestückt wären; an den Wänden hingen großformatige Bilder von Hinrichtungen junger Frauen und ihrer Mütter, blutrot und rabenschwarz wie die Pestilenzen, die hier während des Mittelalters gewütet haben sollen; raffaeleske Fresken, bunt und hell wie frisch bemalt, glänzten von der Decke; Engelsstatuen mit Harfen und Trompeten, außerordentlich detailgetreu aus den Wänden gearbeitet, als wollten sie gerade zum Flug durch den Saal ansetzen und die gute Nachricht über die Ankunft des Herrn verkünden; überall Schnörkel und Schnitzereien, lackiert und poliert, als ob sie niemals schlechte Zeiten gesehen hätten; zwischen den grässlichen Bildern war die Passion Christi in die Wand geritzt, doch statt Gesichtern grinsten da dämonische Fratzen, als hätte sich diese Episode in der Hölle und nicht in Jerusalem abgespielt; unter meinen Füßen täuschte ein Seidenteppich einen Weg aus weichem Gras vor.

Vor lauter Schauen vergaß ich beinahe den wahren Grund meiner Anwesenheit.

Ich atmete tief durch und ging auf den Schreibtisch zu, aufrecht, bestimmt und selbstbewusst, um mich endlich dem zu stellen, wofür ich gekommen war. Ein mulmiges Gefühl, von dem ich nicht recht wusste, ob es Ärger, Angst oder einfach nur Nervosität war, begleitete mich.

Vor diesem riesigen Schreibtisch stehend fühlte ich mich mickrig und ich wartete auf ein Wort des Vorsitzenden, um mich endlich setzen zu dürfen. Ich war jetzt schon so ausgelaugt, als hätte ich das Vorstellungsgespräch schon hinter mich gebracht.

Doch dieses Wort, auf das ich wartete, oder auch nur eine kleine Gebärde, kam lange nicht. Die Wächter beobachteten mich, als plante ich eine kriminelle Handlung. Ich erinnerte mich an das Geschrei, das aus diesem Raum gekommen war, und ich fragte mich, was hier vorgefallen war. Hatte sich ein Bewerber unangemessen verhalten und war er von den beiden Wächtern entfernt worden? Aber wohin, war doch die Tür, durch die ich eingetreten war, scheinbar der einzige Eingang zu diesem Saal?

Irgendwo hörte ich ein fieses Kichern, „Hihi, hihi!", so als würde man sich über mich lustig machen.

Was zur Hölle ist hier los?

II.

Fürst Reginald verstand nun, wen er vor sich hatte: Den Dämon aus der Hölle, den Herrn der Ratten und der Pest.

Ihm war auch klar, was er wollte, nämlich ihn erpressen, seiner guten Seele wegen! Die Selbstmorddrohung hatte ihn wohl aus dem Schwefeldunst gelockt, diesen gemeinen Teufel. Er hatte selbst davor nicht zurückgeschreckt, Gerlinde mit seinem verpesteten Atem anzustecken, um den Fürsten gefügig zu machen!

Fürst Reginald ließ seinen Kopf hängen: Seine Seele würde für alle Zeit in der Hölle schmoren, wenn er sich dem gemeinen Teufel beugte. Oder sein Land – vielleicht sogar die ganze graue Welt! – würde von dieser furchtbaren Pestilenz bis auf das letzte unschuldige Kindchen ausgerottet werden.

„Nun gut, Beelzebub, wir wissen beide, warum du hier bist! Zeig mir schon den gemeinen Vertrag, ich unterschreibe alles, aber bitte, rette meine Tochter …“ Er schluchzte in seine vorgehaltenen Hände.

„Nicht so schnell, mein verzweifelter Freund! Hihi! Nicht so schnell!“, schwatzte der Teufel grinsend, dann kicherte er „Hihi“, schnell und oft hintereinander, „Hihi, hihi, hihi“, als ob er sich über eine Komödie amüsierte.

Fürst Reginald hielt dieses fröhliche „Hihi“ natürlich für vollkommen unangebracht und Zorn platzte aus ihm hervor: „Reicht es dir nicht, meine Seele auf so hinterhältige Weise erschlichen zu haben? Musst du mich auch noch verhöhnen, du teuflische Bestie? Halt dein Maul und lass mich deinen schurkenhaften Kontrakt unterzeichnen! Verschwinde aus meinem Leben! Und vergiss nicht, deine vermaledeiten Ratten mitzunehmen!"

„Hihi, hihi", gluckste es wieder fröhlich aus der furchtbaren Teufelsfratze. Sie wandelte im Schlafgemach des Fürsten wie ein auf seinen Hinterpfoten tanzender Hund. „Warte, hihi, warte noch! Hihi, wir wollen doch zuerst verlautbaren, was wir voneinander wollen, hihi, bevor Missverständnisse aufkommen, hihi, meinst du nicht auch, hihi, unwürdiges Menschlein?"

„Na gut, dann sag schon, was du von mir willst!", sagte Fürst Reginald ungeduldig. „Sag schon! Du willst doch nicht etwa meine Tochter heiraten, oder?", kam es dem verzweifelten Vater in den Sinn. „Davon solltest du nicht einmal träumen, Dämonenbrut! Nie und nimmer!"

„Aber wer wird denn gleich, hihi", fuhr ihm der Teufel dazwischen, „mitnichten, mitnichten, ich bin nicht, hihi, interessiert an deinem hübschen Töchterchen, hihi, ich will ja nur DEINE finstere Seele, hihi …"

„Das hab ich mir gleich gedacht, nun gib mir schon das Papier und ich überschreibe dir die Seel' … Aber finster ist sie nicht, denn ich war immer gut und gottesfürchtig …"

„Das wird schon noch, Menschlein, hihi, das wird schon noch!"

Dann wurde der Rattenmann plötzlich geschäftig, fast nervös, und meinte: „Sag, ist dein Töchterchen schon mit der Krankheit, hihi, befallen, sag schon, sag schon, ja? Ja?"

Der traurige Fürst Reginald nickte.

„Und waren die toten Diener die Deinen, hast du sie besessen, waren sie Deine, hihi?"

Und wieder nickte der Fürst, diesmal ungeduldig: „Na sag' schon, was du willst, rück' schon deinen teuflischen Plan heraus!"

„Wenn du willst, hihi, dass ich dein Töchterchen unversehrt lasse, dann musst du mir noch einen Gefallen tun –"

„Ich bitte Dich! Quäle mich nicht weiter!"

„Überschreib mir, hihi, auch die Seelen deiner toten Diener und Knechte! Hörst du? Dann lass ich dein Töchterchen gehen und sie bekommt, was du verlangst!"

„Das ist ja unerhört! Du willst auch die Seelen meiner schon toten Diener? Hast du die nicht schon geholt mit deiner gemeinen Pestilenz, du Höllenbrut?" Dann überlegte er ein Weilchen. „Na, mir soll's recht sein, wenn nur mein Töchterchen wieder gesund wird. Ich hab ja sonst nichts mehr auf der Welt! Hier!" Er holte das Verzeichnis seiner toten Dienerschaft. „Das sind sie alle, die im *Großen Sterben* umkamen, und hier hast du sie, ich schreibe dir einen Vertrag und vermache sie dir! Sollen sie gemeinsam mit mir im grausamen Höllenschlund von den Flammen verzehrt werden ... meinem

Töchterchen zuliebe!" Dann fügte er noch leise hinzu: „Mögen mir die armen Seelen verzeihen."

„Aber da gibt es noch etwas. Ich will auch dein Bürglein! Wenn du stirbst, soll mir deine erbärmliche Burg gehören. Dafür will ich deiner Tochter ein gutes Leben schenken, und dich mache ich zu einem reichen Mann, dem reichsten des ganzen Landes! Deine ekelhafte Burg wird zu einem gigantischen Schloss, vor dessen Pracht sich sogar Könige und Kaiser verneigen werden – und je mehr dich die Menschen fürchten und hassen, umso prächtiger, ungeheuerlicher wird dieses Schloss, umso reicher wirst du ..." Dann grinste er wieder. „Hihi, was sagst du, hihi, na, was sagst du?", kicherte der Herr der Pestilenz und sprang rumpelstilzchenhaft durchs Zimmer. „Was sagst du, was sagst du? Na, was sagst du? Hihi!"

Fürst Reginald dachte kurz nach. „Nun gut, so soll es sein, aber nur, wenn du mir sagst, warum du unbedingt meine bescheidene Zitadelle benötigst."

"Hihi, das geht dich gar nichts an, hihi ..."

„Oh, dann besiegle ich auch nichts – dir wird das Lachen schon noch vergehen, Dämonischer! Ich wünsche dir einen schönen Tag!", sagte der Fürst hochmütig und bestimmt und wandte sich vom Dämon ab.

Die Miene des Teufels verfinsterte sich. „Na gut, dann sag ich es dir eben, du neugieriger Einfaltspinsel! Ich brauche dein bescheidenes Heim, um ungebeten zurückkehren zu können. Ich benötige einen dieser gemeinen weltlichen Besitztümer, ein schäbiges Haus, eine verfallene Burg ... Verstehst du? Dann kann ich jederzeit zurückkehren, ohne dass mich so eine verzweifelte Seel' in ihrer Not rufen muss. Ich kann nur betreten, was mein ist, alles andere gehört dem ... anderen ... Verstehst du? Hihi, es ist nicht so arg, hihi, ich brauche nur dein winziges Bürglein – nach deinem Ableben ..."

Daher kam also das Begehren nach seinem Besitz! Fürst Reginald überlegte kurz, dann sagte er: „Nun gut, gib mir deinen lächerlichen Vertrag, ich unterzeichne ihn. Meine Seele schmort sowieso auf ewig in der Hölle. Solange du auf der Burg gefangen bist ... Gott wird dich schon wieder in deine Schranken verweisen, teuflischer Dämon! Was nach mir kommt, ist mir ohnehin egal, solange es meiner Tochter gut geht. Und du hast mir versprochen, dass es ihr gut ergehen wird, nicht wahr?"

„Hihi, jaja, deine Tochter, hihi, wird das beste Dasein haben, so wie sie es sich immerzu erträumt hat!" Der Rattenmann hatte plötzlich ein weißes Stück Papier mit unentzifferbaren Hieroglyphen in seiner Pfote. Er tauchte eine Feder in das Blut einer frischen Wunde auf seiner haarigen Brust, dann reichte er die Utensilien dem Fürsten, der hastig kritzelnd unterzeichnete.

„Und vergiss nicht, hihi, je mehr dich die Menschen fürchten und hassen, desto größer wird deine Burg, dein Reichtum, deine Macht! Hihi! Du, folg' den Ratten! Am Horizont, dort wo sie für immer von dieser Welt verschwinden, erwartet dich etwas ganz Besonderes – eine wunderbare Überraschung, die ihresgleichen sucht und dich sehr erfreuen wird!"

Der dämonische Rattenteufel verwandelte sich in eine tiefschwarze Krähe, kreischte zweimal laut auf und flog aus dem Fenster. Gelber Schwefeldunst folgte ihr nach und entschwand aus der Kammer.

Fürst Reginald stürzte zum offenen Fenster und erblickte in der Ferne eine Gestalt, der ihm zuwinkte. Auf dem Wind ritt leises Flötenspiel. Die Ratten liefen aus allen Himmelsrichtungen zusammen und folgten dem fröhlichen Rattenfänger, der auf den Fluss zutanzte. Eine gewaltige Rattenherde verschwand hinter dem Horizont, das Flötenspiel hing wie ein Mantel über der Landschaft und fegte die *Strafe Gottes* aus dem Land.

III.

Während ich in diesem nackten, weißen Wartezimmer mit diesen nervösen Patienten auf das Vorstellungsgespräch gewartet hatte, malte ich mir oftmals diese Situation aus: In dem kleinen, schäbigen Salon, den ich aus meiner Kindheit kannte und der vielleicht ein wenig hergerichtet worden war, um nicht ganz so schäbig zu wirken, stellte ich mir drei bis vier im perfekten Business-Dress-Code gekleidete Übermenschen vor – ein kleines Team der Personalabteilung, bei dem jeder seine vorbestimmte Rolle hatte und auf verschiedene Aspekte bei diesem Gespräch eingehen würden; sie wären alle relativ jung gewesen, so zwischen dreißig und vierzig; unter ihnen hatte ich zumindest eine Frau erwartet.

Doch hinter diesem wunderschönen Mahagonischreibtisch saß ein alter Mann, vielleicht achtzig Jahre alt. Er hatte ein langes, rattenhaftes Kinn und eine Stupsnase, fast wie ein Schwein; die Zähne erinnerten an Nosferatu, zwei schmale, lange Schneidezähne erwiderten mein unverschämtes Lächeln; wie bei einer Katze hingen ihm vereinzelt lange weiße Barthaare links und rechts aus dem Gesicht; die faltige Haut war fahl und grau und dieses ungewöhnlich rattenhafte Äußere erinnerte an eine Gestalt, die ich auf den morbiden Gemälden irgendwo im Schloss gesehen hatte; sein Körper war hager und die Augen glänzten spitzbübisch.

„Setz dich doch, nimm Platz!", sagte der Alte mit freundlicher, rauer Stimme und ich ärgerte mich darüber, dass er mich wie einen dummen Schuljungen duzte. Ich setzte mich und wartete darauf, was als Nächstes kam. Er musterte mich, starrte mir ins Gesicht und wollte mich wohl dazu bringen, dass ich mich von ihm abwende, so wie manche Affenarten untereinander ausspielten, wer der Stärkere wäre. Ich blieb stur und wollte es ihm nicht zu leicht machen, dem alten Bastard.

Er sagte kein Wort, wollte mich weichkochen und immer nervöser machen, doch ich wurde nur verärgerter und sturer und beinahe platzte mir ein unfreundliches Wort heraus, als er plötzlich doch zu sprechen begann: „Ich muss mich für die Unannehmlichkeiten entschuldigen. Dass du hier eine ganze Woche warten musstest – es war nicht beabsichtigt gewesen, es hat sich so ergeben. Diese Bewerbungsgespräche haben sich als viel schwieriger und enttäuschender herausgestellt, als ich es mir vorgestellt habe. Die Jugend von heute ist nichts mehr wert! Alle sind sie gefühllos und ohne Geist und Verstand! Nichts als Ärger hatte ich diese Woche! So einen unvorbereiteten und schwachen Haufen habe ich noch nicht erlebt. Es war richtig peinlich, wie sie geheult haben. Auf die Knie sind sie gefallen und haben mich angefleht! Hihi!"

Ob der alte Knacker eine Antwort von mir erwartete? Dieses unangebrachte Gekicher verstand ich noch weniger.

Wieso kommt er nicht endlich auf den Punkt?

„Na ja, wir werden sehen, hihi, wie es mit dir wird!"

Während er sprach, setzte er sich eine Brille auf und suchte etwas auf seinem Schreibtisch. „Ach ja, hier haben wir es!“, sagte er erfreut. Er las einen Zettel und bewegte seine Lippen dazu.

„Sag, hast du Erfahrungen in diesem Bereich?“, fragte er mich plötzlich.

„Welchen Bereich meinen Sie?“, siezte ich ihn penetrant, um anzudeuten, dass ich seinen Umgangston für unangebracht hielt. Doch er antwortete gar nicht auf die Frage, sondern las einfach unbeirrt weiter.

„Ich sehe, du hast kein religiöses Bekenntnis angegeben. War das schon von Geburt an so oder hat sich da etwas Bestimmtes in deinem Leben entwickelt?“

Ist das für die angebotene Position relevant?

Ich war überrascht. Und mehr als überrascht war ich verärgert über diese persönliche Frage.

Was geht es ihn an?

Und er wurde noch frecher: „Sag, mein Lieber, hihi, glaubst du an Gott?“

Mir schoss die Zornesröte ins Gesicht, ich hasste dieses gottverdammte Gekicher. Aber ich versuchte, höflich und sachlich zu bleiben: „Darf ich Sie fragen, wie mein religiöses Bekenntnis im Verhältnis zu dieser angebotenen Stelle steht? Und darf ich weiters fragen, worum es sich bei der angebotenen Stelle überhaupt handelt? In der Annonce gab es ja nur vage Andeutungen.“

Der Alte sah mich an, als ob er mich nicht verstanden hatte. Wie aus dem Schlaf erwachte er plötzlich, nahm sich die Brille von der Nase und rieb sich entnervt die Augen.

„Ich glaube, das wird nichts mit uns, ich spüre keine Kooperation hier. Kein Gefühl, keinen Sinn für das Wesentliche. Nur Sturheit und Arroganz! Wir passen einfach nicht zusammen!"

Damit hatte ich jetzt nicht gerechnet.

Wie diese ganze Woche war auch dieses Vorstellungsgespräch vollkommen unvorhersehbar – und reine Zeitverschwendung.

Aber ich stand nicht auf.

Ich wollte dieses Theater zu Ende spielen.

„Hund oder Katze?", fragte er mich ganz kryptisch.

Wieder erschütterte ein kleines Nachbeben den Saal.

Ich war vielleicht ignorant und phlegmatisch, aber verarschen wollte ich mich nicht lassen.

Okay, fuck it, jetzt ist mir alles egal!

„Sie haben, seit ich hier bin, noch keinen einzigen klaren Satz von sich gegeben, auf keine einzige Frage geantwortet! Wie stellen Sie sich das vor? Sie glauben, Sie wären etwas Besseres, nur weil Sie hier hinter dem fetten Schreibtisch sitzen. Uns die ganze Woche nervös machen, uns quälen, manipulieren und wahnsinnig machen!"

Er sah mich beinahe mitleidig an.

„Das ist Ihre Vorstellung von einem Vorstellungsgespräch? So behandeln Sie Ihre zukünftigen Mitarbeiter? Dann fragen Sie mich auch noch unsinniges Zeug? Ob ich an Gott glaube, geht Sie – offen gesagt – einen feuchten …!"

Ich bremste mich, meine gute Kinderstube kam durch. Ich war so fuchsteufelswild, dass ich selbst nicht mehr wusste, was ich daherredete.

„Oh, endlich kommen wir weiter!", rief der Alte plötzlich aus, kryptischer als je zuvor. „Gibt es noch etwas, das du hasst? Hihi! Du kleiner Spießer!"

Er grinste mir schamlos ins Gesicht, verhöhnte mich.

„Was?", fuhr ich ihn an. Ich vergaß nun meine gute Erziehung und ließ mich, ich muss es gestehen, hinreißen, Sachen zu sagen, die ich sonst niemals sagen würde und die ich danach bereute. Seine abstoßende Arroganz reizte mich – obwohl ich sonst ein Problem ruhig und sachlich anging – zu niederträchtigen Hasstiraden.

Der Alte grinste und lehnte sich zurück. Er schien meinen Gefühlsausbruch wie eine Theatervorstellung zu genießen. Die Erde begann nun etwas stärker zu erzittern, oder war nur ich es, der bebte? Die Wände wankten, eines der riesigen Gemälde fiel herunter und der hölzerne Rahmen zersplitterte.

Der Alte stand nun auf und atmete tief ein, schloss seine Augen, während immer mehr Bilder von den Wänden krachten. Ich wollte in Panik unter den Schreibtisch kriechen.

„Ja, mehr, mehr!", rief der Alte.

Wieder verstand ich nicht! Mir wurde immer schwindliger und das Beben immer stärker!

„Ich verachte Sie!", schrie ich ihn an, sprang auf und wollte aus dem Schloss fliehen, bevor es zu spät war.

„Warte, mein Freund. Du bist gar zu ungerecht! Dabei wärst du doch fast zu Tode gekommen, hihi!"

Ich drehte mich wieder zu ihm um – ich glaubte, mich verhört zu haben!

Zu Tode gekommen? Was sollte das schon wieder?

Ich warf ihm einen verächtlichen Blick zu und steuerte wieder unbeirrt auf die massive Holztür zu. Das Beben hatte wieder nachgelassen.

„Aber was denn, hihi, wohin so schnell? Ich kann alles beweisen, *mein Lieber*, ich hab alles hier, um dich zu überzeugen …"

Ich blieb nun stehen. Mein Verstand riet mir abzuhauen, doch meine Neugier hielt mich zurück.

Na gut, spielen wir dieses Theater also noch zu Ende.

Ich kehrte um, umschiffte die heruntergefallenen und zersplitterten Gemälde und setzte mich wieder hin.

„Nun gut, ich höre?", meinte ich dann noch frech, doch es provozierte ihn gar nicht. Stattdessen grinste er mich nur mit seinen langen grauen Hasenzähnen an, stand, nein, sprang von seinem Stuhl auf und schlurfte flott in leicht gebückter Haltung zu einem Tisch, wo ein Gerät stand, das er mit einem Schalter betätigte, sich dabei in Vorfreude die Hände reibend. Ein Rauschen tönte sogleich aus Lautsprechern, die unsichtbar irgendwo angebracht waren, und dann sprach eine Stimme, flüsternd, nur schwer verständlich: „… es gibt keine andere Wahl … wir müssen ihn ausschalten … wenn es wirklich wahr ist und er derjenige ist, der für den Job in Frage kommt, dann müssen wir es tun …“

„Aber was ist, wenn es nur eine Lüge ist, wenn sie uns so manipulieren …“, hörte man eine zweite Stimme einwerfen, und: „… Ich mach da nicht mit! Ich will nicht für seinen Tod verantwortlich sein … Haltet mich da raus!“, sagte ein Dritter etwas lauter als die anderen. Mir kamen diese Stimmen bekannt vor, doch ich konnte nicht sagen, woher. Man sprach davon, jemanden loszuwerden. Ich wusste noch nicht so recht, was das bedeuten sollte, was es gerade mich anging.

„Zu spät. Wenn sie uns fassen, sagen wir, es war deine Idee! Wir brauchen dich. Wir schleichen in sein Zimmer … Ihr haltet ihn fest …“

Mehr hatte ich nicht verstanden, das Rauschen wurde zu laut und die Stimmen verwandelten sich in statisches Gemurmel. Was sollte der Unsinn? Wollte er etwa andeuten, dass sich drei meiner Konkurrenten gegen mich verschworen hatten und mich töten wollten?

Als ob der Alte meine Gedanken lesen konnte, antwortete er mit einem Hasenzahnlächeln: „Jemand hatte anscheinend verbreitet, dass du diese Stelle erhalten wirst, mein Freund. Ja, und scheinbar hat das jemanden irrsinnig gestört – du musst wissen, für mich zu arbeiten, ist sehr beliebt. Es erwarten einen ungeheurer Reichtum und Macht –“

„Davon weiß ich nichts, ich will die Stelle gar nicht, das hat sicherlich jeder gemerkt. Ich habe aus meiner Gleichgültigkeit ja keinen Hehl gemacht! Also wieso sollte man mich töten wollen? Und überhaupt: Das ist alles Schwachsinn! Ich glaube kein einziges Wort!" Ich war ziemlich verwirrt und verärgert.

„Deshalb warst du ja so verhasst: Weil es dir egal war und man dich angeblich trotzdem für diese Stelle wollte. Andere haben sich monatelang im Schweiße ihres Angesichtes körperlich und geistig auf jede Eventualität vorbereitet – nur auf dich nicht, mein Freund, einen phlegmatischen, alkoholkranken Nichtsnutz, der von der Obrigkeit aus unbekannten Gründen bevorzugt wurde. Du hast sie verrückter gemacht, als ich es jemals mit meinen bescheidenen Mitteln geschafft hätte. Sicher, die meisten haben es verärgert akzeptiert, haben es geschluckt wie eine bittere Pille und dich einfach nur bis aufs Blut gehasst. Andere wollten jedoch einen Schritt weiter gehen …"

„Alles Unsinn!", schrie ich ihn an.

„Ach ja, hihi, ist das auch Unsinn?", fragte er, klatschte zweimal in die Hände und es wurde dunkel. Hinter dem Alten wurde ein Film gegen eine weiße Wand projiziert.

Er stand noch im Licht und sein Schatten verdeckte, was ich am liebsten niemals gesehen hätte. Seine schwarzen Schattenhände waren angsteinflößend: lange Finger mit scharfen Krallen. Seine Nase und das Kinn waren hexenhaft, verbeult und haarig, seine buschige Frisur mit spitzen Ohren versehen und ein Schwanz an seinem Hinterteil wirbelte verspielt in der Luft herum, als ob nach Fliegen schlagend. Irgendwie bildete ich mir auch ein, dass es ein wenig schwefelig nach Fürzen roch …

Hier hatte mir wohl meine blühende Fantasie einen bösen Streich gespielt. Ich rieb meine Augen und sah nochmals hin, doch da war er schon einen Schritt zur Seite in die Dunkelheit getreten.

„Was du jetzt siehst, ist einzig und alleine deine Schuld, mein Freund. Wärst du nicht so arrogant und phlegmatisch aufgetreten, bei Gott, hihi, das Ganze wäre anders ausgegangen …"

Die zwei mal drei Meter große schwarz-weiße Lichtprojektion, wohl von einer Überwachungskamera in mieser Qualität, zeigte ein Hotelzimmer, das meinem praktisch bis ins kleinste Detail glich. Einer meiner Konkurrenten lief nur in seinem Bademantel bekleidet nervös im Zimmer auf und ab. Man hörte auch einen leisen rauschenden Ton, dann ein Flüstern, wie das schlangenhafte Zischen einer elektrischen Leitung. Anschließend sah man, wie der junge Mann aus dem Badezimmer kam und eine Tür zuschlug, deren Knall man fern, wie aus dem Nebenzimmer, hören konnte.

„Nein, nein, nein! Bitte, lieber Gott, lass es nicht zu, dass ich hier hineingezogen werde. Wieso muss dieser Mensch sterben, was habe ich nur getan? Es war wahrlich meine Idee! Ich hab's ja nur im Spaß gemeint und diese Unmenschen müssen es gleich in die Tat umsetzen! Die sind dazu fähig, ich habe es in ihren Augen gesehen! Sie sind imstande und töten diesen Idioten! Und es ist meine Schuld!"

Er warf sich aufs Bett und versuchte, sich unter einem der Polster zu verstecken, wie ein Haustier, das etwas angestellt hatte. Doch sein verkrampfter Griff um den Polster ließ bald nach. Er stand wieder auf und ging auf und ab, leise vor sich hin murmelnd. Er malte sich seine Möglichkeiten aus, wie zum Beispiel das angehende Opfer vorzuwarnen oder aus dem Schloss zu verduften oder … „Nein, ich gehe nicht ins Gefängnis! Niemals!", tobte er und übertönte mit dem Schrei das grammophone Rauschen: „NIE UND NIMMER, ICH KANN NICHT EINGESPERRT SEIN!"

Mir wurde bei diesen Ausrufen ganz mulmig zumute. Dann folgte das Grausame, das Unvorstellbare: Dieser Junge, dieser in der Blüte stehende, aber offensichtlich geistig verwirrte Mensch, zog den Gürtel aus dem Bademantel, formte einen Knoten, eine Schlaufe bildend, stieg auf das Bett, dann auf einen Stuhl neben dem Bett, und befestigte, nicht sichtbar aus diesem Winkel der Kamera, jenen Gürtel irgendwo an der Decke, wahrscheinlich an einem der wunderschön geschnitzten Holzbalken, so wie ich sie auch in meinem Zimmer hatte. Ich konnte mir das selbst gebaute Schafott nur zu gut vorstellen, doch ich blickte weg – ich sah nicht zu, wie der Verzweifelte auf den Stuhl stieg und mit seinen Armen einige Zeit über seinem Kopf herumhantierte.

„NEIN, ICH GEHE NICHT INS GEFÄNGNIS!", schrie er und ließ sich fallen. Ich sah nicht hin, als sein Körper im Todeskampf zappelte, wie er sich verzweifelt zu retten versuchte. Es gelang ihm nicht, und langsam wurden diese entsetzlichen Zuckungen schwächer und schwächer, bis sein Kadaver sich wie eine Kompassnadel im Magnetfeld verdrillte. So schamlos und frei. Ich blickte kurz auf, sah den baumelnden Körper und schaute wieder weg.

„Schalten Sie das aus! Hören Sie!", befahl ich dem Alten. Mir wurde bewusst, dass es wirklich meine Schuld war, meine Arroganz, meine Faulheit, meine Trinksucht, mein besserwisserisches Gehabe und Getue – meine Unachtsamkeit, meine Kälte, meine Ignoranz. Ich habe den Stuhl unter dem Selbstmörder weggetreten und ihm dabei ins sterbende Gesicht gelacht. Sicher, unter normalen Umständen wäre niemand auf die Idee gekommen, sich selbst zu töten.

Doch nach dem tagelangen Druck und der Angst vor dem Versagen und dem ständigen Verfolgungswahn, ohne vernünftige Verpflegung, wahrscheinlich ohne Schlaf und aus Verzweiflung zu einer Endlösung getrieben – das war es, was sie aus uns gemacht haben: verzweifelte Angstfetzen, paranoide Nichtsnutze, die keine Kraft mehr zum Leben hatten und lieber starben, als sich den Konsequenzen zu stellen.

Ich wollte sie inbrünstig hassen, noch mehr als zuvor, doch es gelang mir nicht – mir ging plötzlich die Luft aus. Das Licht ging an und der Alte saß wieder auf seinem Stuhl, als ob er sich nie wegbewegt hätte. Er blickte mich an, wartete auf meinen nächsten Wutausbruch, doch ich konnte nicht mehr.

„Hast du dir schon einmal Gedanken über die Zukunft gemacht? Natürlich hast du das, hihi, jeder macht das, nicht wahr?"

Ich hörte seine Worte, verstand sie aber nicht. Meine Zukunft war weit entfernt.

„Wo siehst du dich in fünf, in zehn Jahren, mein Freund? Stellst du dir dabei vor, wie es sein wird? Dein sinnloser Job, deine quengelnde Familie, deine leeren Gedanken über noch mehr Geld, noch mehr Macht, noch mehr Glück?"

Der Alte brach in Gelächter aus und ich war eingesunken wie ein luftloser Wasserball.

„Was du in der letzten Woche erlebt hast, ist nur ein Vorgeschmack dessen, was noch kommen wird, hihi! Bald wirst du die Erde unter deinen Füßen beben spüren, wenn dir die Sprengsätze um die Ohren fliegen; wenn du keinem mehr vertrauen kannst; wenn alle gegen dich sind, weil du in deiner Arroganz und Ignoranz gegen sie bist; oder wenn dir ein tödlicher Virus die Haut vom Körper frisst; ihr werdet euch von grünem Schleim und Galle ernähren, gierig an Eingeweiden nagen … Du wirst sehen, was kommt, hihi, du solltest Angst davor haben, dich zu Tode fürchten, dich am besten wegschließen …"

Mein Gewissen ließ sich auf meine Schultern nieder und riss mich abwärts wie eine Lawine.

„DU verstehst es immer noch nicht: Ich bin DU! DU bist das wahre Böse in dieser Welt! Kinderschänder und Autokraten sind kranke Köpfe und folgen nur ihren Trieben, sie kann man schnell ausrotten, wenn man sich dazu entschließt – aber DU! DU bist das Schweigen, das Zulassen, das Wissen um deine Schuld – und du willst trotzdem nichts dagegen unternehmen! DU bist das wahre Böse, die Stille, die schweigende Mehrheit, die Grundlage, worauf die Macht der Gemeinen nur funktionieren kann und weiter wird. Nun, ich baue darauf, hihi! Wir sehen uns in der Hölle wieder, mein Lieber!"

Das plötzliche Schuldgefühl schwamm auf wie ein Fettauge an der Oberfläche meines Bewusstseins und ein Schrei brach hervor! – Es war die als Brutalität verkleidete Schuld und Verzweiflung, nach Vergebung suchend. Ich bebte und mit mir das ganze unglückselige Schloss.

„Ja, mein Lieber, hihi, schrei deinen Hass heraus, deinen unbändigen, animalischen Hass, deine Angst, die dich nun übermannt und für immer dein treuer Begleiter sein wird – aber was? Nein, so was –"

Hinter ihm krachte ein Teil des maroden und vom Beben stark in Mitleidenschaft gezogenen Plafonds mit den massiven Holzbalken herunter und begrub die vollkommen überraschten Wächter unter sich. Ich lag nur einfach so da, vollkommen ausgelaugt, und sah zu, wie die Welt um mich erzitterte, zusammenfiel, und ich erwartete, dass jeden Moment die wunderschönen Marmorengel auf meinem Kopf zerschellten.

Die Schnörkel und Schnitzereien vergilbten, verdorrten und bröckelten wie toter Efeu braun und morsch von den Wänden.

Die Mauern stürzten ein: Die toten, nackten Körper meiner Mitstreiter brachen hervor und blieben zwischen den zerbröselten Bausteinen liegen. Rollte hier der Kopf der Hochschulprofessorin an mir vorüber? Ein Fuß mit bemalten Zehennägel traf mich im Gesicht. Knisternde Feuerzungen leckten gierig an den geschundenen Körpern, in den schwefeligen Schwaden formte sich ein Gesicht, das mir etwas sagen wollte. Eine Hand aus Rauch quoll zu mir herüber.

Der Beelzebub stand über mir: „NEIN, DAS LASSE ICH NICHT ZU!", rief er donnernd wie ein fettes Gewitter. Er holte aus, fasste mir tief in die Brust und riss mein sich unter seinem Griff windendes Herz mit nur einem Ruck heraus. Es zuckte, lag bald als Klumpen totes Fleisch in seiner faltigen Hand, bis es schließlich zu Stein erstarrte.

Der Verzweiflung wich eine tiefschürfende Leere.

Ein Sprung in einen tiefen Abgrund.

Mir wurde sonderbar zumute: Ich fühlte mich nun so leicht, so schwerelos leicht …

Das Beben verebbte langsam, manchmal spuckte es noch etwas Gestein von der Decke oder den Wänden, doch schließlich gab es auf. Das Feuer knisterte auf den verbrennenden Leichen und der ekelhafte Rauch ließ mich husten.

Es war wieder still.

Überall lagen Trümmer, doch keines hatte mich getroffen und verletzt. Ich war zwar schmutzig, schien aber äußerlich unversehrt.

Ich stand auf, schlug mir den grauen Staub vom ziemlich mitgenommenen Anzug und hielt nach dem Dämon Ausschau: Er war verschwunden. Auch die Wächter, vielleicht unter dem Schutt begraben.

Ich fand mein versteinertes Herz zwischen den Trümmern und hob es auf, doch es zerbröselte mir zwischen den Fingern.

Ich merkte es nicht sofort: Jetzt erst war ich wirklich für diese skrupellose und irrsinnige Welt voller Dummheit, Gemeinheit und Brutalität vorbereitet.

IV.

Nachdem der Herr der Pestilenz aus seinem Gemach verschwunden war, lief der Fürst den Turm hinauf zu seiner Tochter. Nun würde es sich zeigen, ob der Rattenmann vertrauenswürdig war oder ob alles nur ein Theaterstück gewesen war, um ihn dazu zu bringen, die Seele seiner Leute zu verscherbeln.

Vor lauter Aufregung fiel ihm der Schlüssel zweimal aus der Hand, ehe er das Schloss der Tür öffnete. Er riss die Tür auf und schrie nach Gerlinde, aber im ersten Moment konnte er sie nicht finden, nur das Fenster stand offen und er stürzte in Panik darauf zu, um herauszufinden, ob sie sich selbst dem Leben entrissen hatte.

Aber da saß sie, vor dem Spiegel, und betrachtete sich.

„Gerlinde!"

„Papa! Schau!"

Da war sie – und die Pest war ihr wie aus dem Gesicht gewischt.

Sie fielen sich in die Arme und weinten sich vor Erleichterung die Tränensäcke aus.

Nur das Gewissen des Fürsten wog schwer auf ihm und er schlief sehr schlecht in dieser Nacht: Hatte er ja sich und die Seinigen für alle Ewigkeit in der Hölle verdammt.

Am nächsten Morgen bestieg Fürst Reginald sein Pferd und verließ seit Monaten zum ersten Mal die Burg. Er folgte den letzten Rattenschwänzen, beobachtete, wie sie sich am Horizont wie Nebel auflösten.

Von Hoffnung getrieben galoppierte er zum Fluss, dort, wo die Ratten, von der lieblichen Flötenmusik wie von einem süßlich lockenden Duft angezogen, im reißenden Fluss verschwanden. Das aufpeitschende Hochwasser riss die kleinen Rattenkörper mit sich und wusch so, wie ein Aderlass, die gemeine Pestilenz aus dem Land.

Ein seltsames, aber herrliches Glitzern und Funkeln aus dem Fluss ließ Fürst Reginald näher kommen.

Er stieg vom Pferd, trat ans Ufer und kniete sich zum Wasser hinab: Ja, es war mysteriös! Das Flussbett war voll mit Gold und Glitzersteinen! Er griff ins Nass und hielt sogleich einen güldenen Stein in der Faust. Er holte noch einen heraus und noch einen – und noch einen, so als glaubte er an dieses Wunder erst, wenn sich neben ihm ein Haufen Gold türmte. Die ekelhaften Ratten mussten sich in Gold verwandelt haben!

Er blickte noch einmal zum Horizont und erkannte den Rattenfänger, der zum Gruße seinen Hut durch die Luft wirbelte. Dann war er verschwunden und ward nie mehr gesehen.

Wenn das der Teufel ist, was für ein Bösewicht muss dann Gott sein, fragte sich Fürst Reginald – und hatte beim Anblick dieses unermesslichen Reichtums schon verdrängt, dass der gemeine Beelzebub ihm seine Seele hinterhältig herausgepresst hatte.

Fürst Reginald ritt zurück zu seiner Burg, schickte einen Kurier los, der die frohe Botschaft verkünden sollte: Die Pest war aus dem Land verbannt! Dann organisierte er seine restliche Armee und letzten Schaffenden, die das Gold aus dem Fluss bergen und beschützen sollten. Ja, endlich konnten sie das Leben führen, von dem er immer geträumt hatte!

Ein paar Wochen später kündigte sich der Sohn des Kaisers, Prinz Ferdinand, auf seiner Burg an. Nach einer beschwerlichen Schlacht reiste dieser nun zurück in die Kaiserstadt und bat um Beherbergung in der bescheidenen Burg.

Der Fürst gewährte sie demütigst und veranstaltete ihm zu Ehren ein rauschendes Fest, noch reichlicher und maßloser als zu jenen Zeiten der furchtbaren Pestilenz.

Und als der Prinz des Fürsten Tochter erblickte, verliebte er sich augenblicklich und unsterblich in sie. Am nächsten Morgen zog der Prinz weiter, mit seiner Verlobten im Gepäck, und sie wurden das schönste Paar, von dem man jemals gehört hatte.

Der Fürst sah zufrieden die Versprechen erfüllt und war glücklich, wenngleich auch ein bisschen ängstlich um seine Seele. Doch er tröstete sich damit, dass er die eigentliche Hölle schon erlebt hatte und nichts der furchtbaren Angst um seine geliebte Tochter und der Hoffnungslosigkeit gleichen konnte.

Eines Tages brachte einer seiner Soldaten einen Gefangenen, der angeblich mehrere alte Frauen und Kinder feige ermordet hatte.

Der vermeintliche Mörder schien wie ein tolles Tier, zerschlissene Fetzen hingen ihm vom Körper, aus seinem Mund trat Schaum und er schlug wie ein wild gewordenes Pferd um sich.

Fürst Reginald verurteilte ihn angesichts der begangenen Grausamkeiten zum Tode.

In diesem Moment begann die Erde zu beben, rücksichtslos und brutal, und erst nachdem einer der Soldaten dem Tobenden das Haupt abgeschlagen hatte, ließ das Beben wieder nach.

Fürst Reginald dachte sich nichts dabei, doch als er seine Burg betrat, bemerkte er Veränderungen: Die bisher abgebröckelten Stufen und Wände waren wieder glatt und hart, wie aus Marmor gemeißelt; das sonst so morsche Holz war fest und kräftig, wunderschön verziert mit Schnitzwerk; das Fensterglas spiegelte in allen Farben wie in den schönsten Kathedralen; Tische und Stühle glänzten wie gerade poliert, das seidene Gewebe war samtweich und wie frisch gesponnen.

Ein paar Wochen später vergewaltigte ein Soldat eine der grässlichen Mägde im Burghof und die Erde bebte ob dieser Grausamkeit – wie ein Grummeln im Magen stöhnte das Erdreich und die mystischen Wallungen aus der Tiefe strichen über die Burg und glätteten die Unebenheiten, passten Holz und Stuckwerk an, formten neues Gewebe, tauchten Mattes in glänzende Farben und reparierten Spalten und Klüfte der Mauern und der Einrichtung. Die heruntergekommene und verwunschene Burg glich mit jeder abscheulichen Untat immer mehr einer prächtigen Festung, bis sie herausgeputzt und funkelnd wie ein Märchenschloss in der Landschaft blitzte.

Fürst Reginald war zuerst verwundert über die Veränderungen, aber bald erfreute er sich über sein sich stetig verwandelndes Anwesen. Im Hinterkopf hatte er jedoch immer die Worte des gemeinen Rattenmannes und dachte dabei nur an seine Tochter und bat abwechselnd um Vergebung oder verfluchte seinen Gott dreimal, weil er diese Bürde auf ihn geladen hatte.

Mit der Zeit wurde der Fürst gemein, richtig brutal und erschreckend unfair, sodass man ihn bald im ganzen Land fürchtete. Die ehemalig abgehalfterte Burg war nicht nur äußerlich beeindruckend gewachsen – die Einrichtung glänzte aus purem Gold, als wäre der Fürst ein Inkakönig aus den Erzählungen der Abenteurer aus dem Eldorado.

Er schlief in Samt und Seide, engelsgleiche Fresken und Schnörkel wuchsen wie wilder Wein aus den alten, sonst schmucklosen Wänden. Im Burghof entstand ein mächtiger, mit Edelsteinen bestückter Brunnen – prächtig gedieh er und spendete während der heißen Sommersonnentage wohlschmeckendes und kühlendes Nass aus der Tiefe.

Die Knechte und Diener liefen nicht mehr in zerschlissenen Fetzen herum, sondern waren nun selbst gekleidet wie Herren und hatten ihrerseits Diener und Knechte. Die Rüstungen der

Ritter und Soldaten glitzerten schon von Weitem und waren detailliert und umständlich verziert, wie es unmöglich Menschenhände hätten vollbringen können.

Beinahe täglich wurde jemand im Schloss hingerichtet oder gefoltert, bis zum letzten Tropfen wurden der Hass und die Angst des Opfers ausgekostet.

Die Burg transformierte zu einem immer größeren und prachtvolleren Schloss. Bald hatte es den ganzen Hügel eingenommen und die Menschen in der Umgebung bekamen es mit der Angst zu tun. Sie mutmaßten, dass es hier wohl nicht mit rechten Dingen zugehen konnte.

Ohne Silvius, den Mönchen, oder seine Tochter Gerlinde gab es keine Stimme der Vernunft, die seinem grausamen Treiben hätte Einhalt gebieten können: Er befahl seinen Soldaten, sämtliche wunderschönen Mädchen und ihre Mütter im Land gefangen zu nehmen und sie ins Schloss zu bringen. Aus Erfahrung wusste er, dass die Pestilenz von attraktiven jungen Mädchen, wie seine Tochter es war, angezogen wurde, und um ihre Rückkehr für immer zu verhindern, mussten sie alle hingerichtet werden. Man veranstaltete ein rauschendes Fest. Mehrere Tage lang wurden die jungen Mädchen immer wieder geschändet; ihre Mütter mussten dem grausamen Treiben beiwohnen.

Die Erde bebte in regelmäßigen Abständen, das Schloss wuchs und wuchs.

Am letzten Tag des Festes wurden die Mädchen im Hof zusammengetrieben und der grausame Fürst befahl seinen Soldaten, sie vor den Augen ihrer Mütter zu töten.

Die Erde grummelte und stöhnte, die Mauern des Schlosses bebten. Goldene Ziegel fielen von den Dächern und erschlugen Soldaten. Die Schlossmauern wuchsen immer höher und breiter, die Fenster erblühten bunter, goldene Verzierungen gediehen wie Moos an den Wänden.

Der Brunnen im Hof schwoll immer prächtiger, wie ein phallisches Mahnmal dieses teuflischen Treibens.

Ein Mädchen schrie: „Ich bin's, Vater, was ist in dich gefahren? Du schenkst mir ein so schönes Leben? Dann tötest du mich? Warum lässt du das Land so verkommen?"

Fürst Reginald hörte nichts als Schreie und er dirigierte vom Thron, wie man ein Orchester dirigierte – in all dem Wahn und der Lust auf Blut und Gewalt. In dieser himmelschreienden Ungerechtigkeit schlug man den unschuldigen Mädchen den Kopf ab und überließ sie den Müttern, die schreiend zusammenbrachen oder auf der Stelle an einem Herzanfall starben.

Das Beben kulminierte, als das Lebenslicht des letzten Mädchens erloschen war.

Dann wurde es langsam wieder ruhiger, die furchtbaren Erdstöße kamen zum Stillstand. Statt der ehemals halb verfallenen Burg stand hier nun das erhabenste Schloss. Es glänzte von Weitem wie ein Leuchtfeuer am Horizont. Hinter einer solchen Festung konnte ein ganzes Dorf Schutz finden und mittels Viehzucht über Jahre überleben.

Aber die Glücksmomente des Fürsten sollten hier noch nicht enden, nein! Es galt noch ein letztes Versprechen einzulösen, um dem Pakt Genüge zu tun. War seine Tochter letztendlich glücklich und schenkte sie ihm eine Nachricht über einen gesunden Enkelsohn? Oder gar Zwillinge? Regierte sie voller Stolz und Ehre über ein wundervolles, fruchtbares Land? Hatte sie das Glück gefunden, dass der gemeine Herr der Pestilenz versprochen hatte?

So kam just an diesem Tag eine Kutsche unangekündigt samt Leibgarde des Kaisers an – und siehe da: Recht unerwartet stieg gut gelaunt der ehrbare Prinz aus.

Überall Blut, abgeschlagene Köpfe junger Mädchen und geschändete Leichen, und rundherum glänzte das Gold millionenfach.

Es war wie ein grausames Erwachen für den Fürsten: Er glaubte in jedem blutigen Gesicht der Mädchen das unschuldige Gesicht seiner geliebten Tochter zu sehen, in jedem schmerzverzerrten Gesicht der Mütter erblickte er das Gesicht seiner Frau, die mit genauso einem schmerzverzerrten Gesicht bei der Geburt seiner Tochter gestorben war.

Der Prinz sagte nun zum Fürsten: „Ist Gerlinde wohl bei Ihnen angekommen? Sie wollte sich unbemerkt und unerkannt ins Land schleichen, um Sie zu überraschen. Haben Sie die frohe

Nachricht schon vernommen, sie trägt ein Kind, wohl einen Sohn wird sie bekommen!"

Fürst Reginald kam nun der Gedanke, dass ihn der Teufel zu diesen Gräueltaten getrieben haben musste. Er war immer ein gutmütiger, ehrlicher und gerechter Mann gewesen und jetzt erblickte er nur mehr Eingeweide und Blut, mit Samenflüssigkeit und Wein vermischt, wie ein teuflischer Eintopf des Hasses und der Angst.

Die Verzweiflung überwältigte ihn und ließ ihn kollabieren.

Es erschlug ihn nun die Erkenntnis: Nicht für sich hatte er die Burg – das Schloss! – so wundervoll hergerichtet! Nein, für seinen Nachfolger, den verfluchten Beelzebub!

Und zum Hass kam noch die Schuld, so viele unschuldige Menschen geschändet und getötet zu haben. Mit jedem Moment, an dem er seiner Schuld einsichtig wurde, verblichen Gold und Silber, der samtene Stoff bekam Risse und Löcher, neue Wände stürzten ein und das Gestein zerbröselte zu Staub wie in einem Steinbruch.

„Haben Sie mich gehört, Fürst? Geht es Ihnen nicht gut?"

Bis zum Tod des traurigen Fürsten zerfiel das Schloss langsam, aber stetig.

Das Gold hatte sich wieder zu Stein verwandelt und die ehemals bunten Fresken vergilbten wie Pergament in der gleißenden Sonne. Als er sich nach Jahren der Vorwürfe das

Leben nahm, war das Schloss nicht viel mehr als eine eingestürzte Burgruine.

Die Menschen in diesem Land lebten wieder frei von Angst und Schrecken – und manchmal gibt der Fluss noch heute das eine oder andere Goldstück her, das dem Finder aber kein Glück bringt.

Deshalb lässt man es besser dort liegen.

Seit dem Tod des traurigen Fürsten Reginald vernahm man zuweilen Erdstöße im Umkreis des Schlosses.

Die Bewohner des Landes wissen: Der Eigentümer des verwunschenen Anwesens stattet seinen Besuch ab.

Neue Seelen fangen, zwecks irdischen Entertainments, und die höllischen Nörgler bespaßen!

Seinen weltlichen Besitz vergrößern!

Und eines Tages als alleiniger Herrscher über die Erde regieren!

V.

Als ich mir durch die schwere Holztüre den Weg nach draußen bahnte, begegnete ich keiner Menschenseele. Kein Wächter, kein Portier war zu sehen. Überall lag Gestein und Holz, gelb und grau, wie schon seit Jahrhunderten vergilbt und zu Staub zerfallen.

Ich freute mich auf die frische Luft, die mir hoffentlich den Dreck aus den Lungen wusch. Väterchen Frost vergnügte sich und genoss den letzten nassen Tag seines Urlaubs, bevor die sich aufbäumende Wärme der Sonne ihn ein für alle Mal aus dem Mai vertrieb und bis zum Herbst mit scharfen Strahlen ihr Regiment nach allen Regeln streng durchpeitschte.

Es regnete immer noch, oder schon wieder. Das Regenwasser sickerte durch meinen schwarzen Anzug in mein weißes Hemd.

Der Frost biss mir in den Nacken und rüttelte mich ordentlich durch, wie eine Löwenmutter ihre schlimmen Fratzen.

Ich nahm mir die Krawatte ab, zog mir meine Hose aus, entledigte mich meines Sakkos und Hemdes, bis ich vollkommen nackt dastand.

Ich atmete tief durch und überlegte, was der Alte zu mir gesagt hatte: „Bald wirst du die Erde unter deinen Füßen beben spüren, wenn dir die Sprengsätze um die Ohren fliegen; wenn du keinem mehr vertrauen kannst; wenn alle gegen dich sind, weil du in deiner Arroganz und Ignoranz gegen sie bist; oder wenn dir ein tödlicher Virus die Haut vom Körper frisst; ihr werdet euch von grünem Schleim und Galle ernähren, mit Genuss an den Eingeweiden der Toten nagen …"

Waren es die Worte eines Verrückten? Bin ich der Verrückte? Ist das Ende nahe?

Die Fratze der Unmenschlichkeit hatte mich angestarrt, jetzt galt es, sie in ihre Schranken zu weisen.

Ich berichtete meinen Eltern von diesem Vorstellungsgespräch, als ob es wie jedes andere gewesen wäre. Aber sie merkten, dass ich als jemand anderer zurückgekommen war.

Unter mir tat sich ein Abgrund auf, ein Höllenschlund, der nach mir wie ein tollwütiger Köter schnappte. Er biss mich und zerrte mich in die Tiefe, in die Abgründe der menschlichen Seele. Es gab kein Halten mehr, ich schien verloren, krallte mich an meinem Bewusstsein fest. Ich war nicht mehr ich. Es hatte sich etwas Dämonisches eingenistet.

Dort, wo zuvor das Herz zwischen meinen Knochen gethront hatte, war jetzt eine klaffende, schmerzende Wunde, ein Abyss, ein Tor in die Finsternis. Genau dort würde er wohnen.

„Hihi!", entlockte es mir ein Kichern.

„Hihi!"

ChrisAdel.com

Ebenfalls von Chris Adel erhältlich: mit dem *QR-Code* kommst du direkt zum Taschenbuch!

Klappentext: Gibt es poetische Gerechtigkeit? Kannst du mit Tieren sprechen? Schon mal Milch von der Kuhzitze getrunken? Überfordert dich das Leben als Künstler? Könntest du frisch geborene Kätzchen töten? Was passiert, wenn du stirbst? Hast du Angst vor

Spinnen? Diese und andere Fragen stellen sich in diesen wunderbaren Kurzgeschichten, die jeweils mit einem unvorhersehbaren Ende aufwarten, das sich gewaschen hat.

Wer ein Happy End braucht, kann getrost weiterziehen ...

Klappentext: Ach du Scheiße! – ¡Manda Cojones! ist nicht nur Titel, sondern auch Programm dieser drei Erzählungen aus Lateinamerika.

„Gegen den Strich" handelt von meiner Reise entlang des Rio Napo, von den Menschen, wie sie dort leben, fernab der Zivilisation, in kleinen Siedlungen oder Dörfern, oder allein mit der Familie am Fluss, nur von den Früchten und Tieren des Dschungels lebend. „Der kleine Tod" und „Endstation Paradies" sind von Erlebnissen und Gesprächen auf Kuba inspiriert und erzählen davon, was der Machismo anrichten kann.

Wie sehr man sich vom Stolz leiten lässt und sogar einen Krieg beginnt, den man nicht gewinnen kann – eben typisch lateinamerikanische Geschichten, aus der Sicht der Männer, die nichts anderes kennen als das Patriachat.

Klappentext: Denken. Nachdenken. Nein, ich denke schon lange nicht mehr. Würde ich nachdenken, wäre ich nicht da, wo ich jetzt bin. Hätte ich alles durchdacht, wäre ich ganz woanders, vielleicht sogar glücklich. Aber das hätte ich mir früher überlegen müssen.  Denken, bedenken, Konsequenzen durchdenken, im Gedanken abwägen. Doch ich habe es immer vorgezogen, einfach zu handeln, einfach so. Ich habe mich dabei verrannt, andere verbrannt, bin angestoßen, angeeckt, kompromisslos. Fehler, die man macht, die man bereut und sich schwört, sie nie wieder zu begehen.

Man wiederholt sie, ohne etwas dagegen tun zu können, eben nicht aus seiner Haut können, einfach ich sein – eben ohne nachzudenken.

Klappentext: Noolas Dorf wird am Tag ihres Beschneidungsrituals ausgelöscht. Sie flieht mit Hilfe wilder Tiere durch die Wüste, über die Mittelmeerroute und über Land bis nach Babel, wo sie auf Severin Roosmeer, einen Schriftsteller, trifft.

David hört Stimmen, die ihn zwingen, den Turm zu Babel zu errichten!

Zu welchem Zweck hat sie das Schicksal zusammengebracht?

Klappentext: Janus wird entsendet, um die Walmenschlinge in Babel zu neutralisieren. Er hat aber nicht mit der Kreativität eines Severin Roosmeers gerechnet. Doch auch der Wächter der Tiere hat im Kampf zwischen Pottwal und Riesenkalmar noch ein Wörtchen mitzureden.

Konrad kehrt aus dem selbst auferlegten Exil nach Babel zurück und träumt von einem Leben als Künstler in der altehrwürdigen Kulturstadt. Als er die atemberaubende Cleopatra kennenlernt und Mondschein in Severin Roosmeers Keller stürzt, ändert sich sein Leben auf unvorhersehbare Weise.

Apokalyptischer Horror bricht über Babel herein …

Klappentext: Herr Nietsche findet vor der Tür eine Botschaft für seine Gattin: "Ich liebe dich, Frau Nietsche!"

Voll schwarzem Humor und blankem Horror schickt uns Chris Adel auf eine Reise, auf der man keine Fotos macht, keine Souvenirs einkauft und von der man geläutert wiederkehrt – mit dem Wunsch, seine eigene persönliche Wahrheit zu ergründen – so wie es die Pflicht eines jeden Künstlers ist.

Wenn Sie dazu noch nicht bereit sind, nehmen Sie von diesem Werk Abstand, denn die Wahrheit tut weh. Und der Weg zur Erkenntnis ist gespickt mit Obsession, Wahnsinn und Schmerzen, die bis in alle Ewigkeit nachhallen ...